U0942359

讓陽光照亮生命

20次心靈探遊之旅

雪予 著

基道出版社

▼

讓陽光照亮生命

20次心靈探遊之旅

Journey through the Light

作者

雪予

責任編輯

何敏璇

裝幀設計

莫可雅

■

出版／發行

基道出版社

香港沙田火炭坳背灣街26號富騰工業中心1011室

LOGOS PUBLISHERS LTD.

Unit 1011, Fo Tan Ind. Centre, 26 Au Pui Wan St., Shatin, Hong Kong

電話：(852) 2687-0331　傳真：(852) 2687-0281

網址：http://www.logos.com.hk

承印

基業印刷廠有限公司

●

11/2005初版

Cat. No. LP828

ISBN-10: 962-457-297-6

ISBN-13: 978-962-457-27-1

目錄

題三：生活足迹

題四：城市景觀

序：啟航宣言

西諺有云："no man is an island"，意思是無人可孤立獨存，尤其當你做事想獲取成功，更不能沒有他人幫助。

不過，人心有時卻真像一個小島，從遠處觀看，你可看到蜿蜒的海岸線，茂密的山林，或聳立岸邊的參天建築；但若要更清楚她豐美的內涵，發現其中瑰寶，就非要移船登岸，仔細探索一番不可。

採訪人物故事，就好像走到一個個小島探險，從遠而近，從外而內，一層一層地鑽進受訪者的心窩，發掘隱藏的寶貝。這本書，共收錄二十篇曾刊登於報章的人物專訪；而我，就像一個導遊，帶你慢慢深入每位受訪者的心靈慧境，讓你俯拾不同的靈光哲語。

這本書名為《讓陽光照亮生命》，是希望閱讀的過程，會好像一趟郵輪之旅：閱讀每一個故事，就像探遊一個小島；每一次探遊，就好像接受不同角度的陽光洗禮，慢慢地，你的心裏也會滋生一份陽光氣息，使生命活得更積極、更精彩！

此刻，船笛已吹鳴！你已走到甲板上，準備接受第一線陽光的靈魂按摩了嗎？

雪予

題一
雲彩奇逢

從疑病症中找到天國

擅長拍演喜劇的張堅庭，大半年前走出抑鬱的幽谷，以生命的深情和睿智，改寫了他的人生劇本。這劇本由憂鬱的調子開始，愈寫便愈滲入喜悅的氣息，彌布新生色彩。

楔子

翻動宣傳單張，乍見張堅庭的名字，出現在基督教的聚會中。

「張堅庭講見證？他信了主嗎？過程是怎樣的……」心中閃過千百張「表哥」傻乎乎的面孔，一股強烈的求知欲望在體內引爆，促成了這篇訪問。

訪問地點是「表哥」新開的餐廳，故事由他一隻手指說起。

第一幕：疑病驚魂

「表哥」舉起他的手指，在記者面前一伸一曲、一曲一伸地述說他的「奇異」經歷：「大概一年前，我的手指常有震顫、抽搐的現象。我很擔心，以為自己患了柏金遜症，情緒愈來愈低落，人也變得愈來愈抑鬱。」

「我試過幾天不換衣服，穿很沉色的衫。每天就像等病徵出現，對其他事不感興趣，只是到處找醫生看病。」

「表哥」的手指在燈光下，不停地一伸一曲。在記者看來，這手指原好無缺，活動自如，真看不出有甚麼毛病。但「表哥」卻很認真的說：「那時候，整副精神也浸在患病的情緒中；更有兩、三個月，每天只睡兩、三小時，直至有一天，李碧心在電話為我祈禱，那晚我才睡了八小時。」

患病的恐懼，令「表哥」陷於不能自拔的抑鬱裏，但同時令他對生命的意義敏感起來，「生命怎樣來、怎樣去」的問題，再一次在他心裏浮現。

第二幕：反思生命

「表哥」呷了一口奶茶說：「平時覺得時間很長，但一有問題，你會抽高一點來看，便發覺生命中的無奈、無常、軟弱……統統跑了出來。當一想到這些問題，很自然又記起幼年聽過的道理……」

原來「表哥」的媽媽是基督徒，童年時候，他曾在教會度過一段唱歌、遊玩的日子。在疑病的驚魂中，「我記起聖經的一句話——『我必不離棄你！』這應許，讓我覺得依靠耶穌可得著力量。其後，我走到廁所祈禱，我問神：『你是否真的？如果

是，可否幫吓手？』」

結果，神真的「幫了他的『手』」。經醫生檢查後，「表哥」的手指原來只是移了位，所以產生顫動、抽筋的現象；而「表哥」患的病，不是甚麼柏金遜症，而是嚴重的疑病症。所以，他跟著要找的，是一位精神科醫生，而不是腦科醫生。

第三幕：心態轉變

餐廳裏，不斷有人走進來，跟「表哥」打招呼。「表哥」一面揮手回應，一面繼續述說他的心路歷程。

「信仰是先醫治我的心，然後才是我的病。」「表哥」說他在決志時，其實不肯定自己的病能否醫好，反而是祈求神賜予力量，使他不做一個縮在家裏的柏金遜病人，而是一個對社會有貢獻的病人。

「『我必不離棄你！』——這應許很重要，靠著神，你會有力量；即使覺得祂不在身邊，也有永恆的國度。……以前每逢星期五，便覺得很快又一個星期了，時間就像泥公仔般，一『忽』一『忽』的『搣』走，很驚！現在都有這種感覺，肢體不斷消耗，但心裏有永恆、有盼望，時空忽然好像變成了五度空間。」

信仰的得著，令「表哥」對生命和宗教有了新的看法。他覺得基督教和佛教不同，它不是一套哲學，不需要很複雜的認知過程，只要持守著信、望、愛和對聖經的信賴，就可以得著永生的應許；而生命也會變得有喜樂、有信心。他覺得這兩點對人生很重要。

第四幕：福音使者

說到他的人生目標，「表哥」沉思了一會，笑言：「我以前也算是一個好人，不過說到人生目標，其實沒有。」他又舉起手指一伸一曲地說：「有次我找『蔡醫』(即蔡元雲)，他說：『手指是一種呼召，神讓你有這樣的經歷，是要使用你！』……所以現在我有兩個目標：一是家人信主；二是想藉著自己是社會人物的影響力，把自己的見證說出來，希望能影響一些人。」

「表哥」的願望，第一個已慢慢實現。他太太數月前也信主了，而子女也跟他上教會，一家人有了共同信仰。

「表哥」坦言，基督信仰對他來說是很真實的，雖然他不想太強調神怎樣幫助他，但信主以後，他的確領受了不少恩典。譬如最近賣樓買樓和「表哥」的餐廳被潑漆一事上，他祈禱後都得到圓滿的解決方法。因此，當他知道一位影圈朋友要去拜白龍王時，他極力勸止：

「拜白龍王是一種利益交換。他只是人，拜他只是拜偶像。耶穌則很偉大，神蹟很『勁』。祂的愛和寬容，給人很大的盼望和應許。拜白龍王對生命有何改變？但信耶穌便會令生命改變。做基督徒有行為規範，不能欺騙、說謊、動淫念，真不容易！所以，我每天起牀後便祈禱，求主潔淨靈魂，應付每天的爭戰。」

「表哥」一面肉緊地複述當日的情形，一面抒發自己當基督徒的感受。他的「肉緊」並沒有白費，他那位想去拜白龍王的朋友，終於成為「表哥」第一位帶領信主的人。

人生的悲喜，究竟應怎樣來界定？在世俗中，多數人都以今生的境遇來衡量。然而，此刻在「表哥」心裏，他的人生劇本，已超越時間的規限，延展至「第五空間」處留白，讓他可自由撰寫一齣徹底而永遠的喜劇。

原載於《明報 · 星期日副刊 · 心靈》，(2003年1月26日)，獲《明報》允准轉載。

訪後游想：

怎樣才能放下憂慮，「活在當下」？

「表哥」的經歷，道出了城市人一種通病：太為未來憂慮。

近幾年，生活壓力大增，抑鬱症、情緒病漸受關注，而「活在當下」這觀念也成為不少心靈書籍推介的「絕招」。

筆者是從《別為小事抓狂》一書中認識「活在當下」的。作者卡爾森博士 (Richard Carlson) 提醒我們：內心的平安大多取決於活在當下的多寡；但我們往往容許過去的問題和未來的憂慮主宰現在的時光，結果就容易變得焦慮不安了。

怎樣才能活在當下呢？卡爾森博士沒有詳解，只建議要練習把注意焦點放在此時此刻。可幸，鄺炳釗博士在《從聖經看如何活得更快樂》中，提出了有關活在當下的竅門。他說，「活在當下」就是「專心去做和經歷每時刻所做的事」；而「活在當下」的方法就有五點：享受工作或生活的過程；每次只做一件事；不要集中於將來；避免活在過去；以及做事不拖延。

很微妙，我覺得「活在當下」其實與「今朝有酒今朝醉」有點近似——但後者卻一直受傳統道德所批判。那麼兩者有甚麼分別呢？

坦白說，「今朝有酒今朝醉」的人有時也挺快樂的，起碼可忘卻明日的憂愁，然而我們卻要問：這種快樂是否長久而真實的呢？一些曾追求官能享受，或戒了軟性毒品的人可能會告訴你：他們過往的人生是空虛而寂寞的，物質或官能上的滿足，僅屬短暫，其實不能帶來真正的快樂。

基督教主張要對人生有計劃，不能「今朝有酒今朝醉」，但主耶穌也勸誡我們，「不要為明天憂慮……一天的難處一天當就夠了」(太六34)，這不正是「活在當下」的變奏嗎？那麼我們應怎樣做呢？答案是：交託放下。

基督徒要有計劃，又能活在當下，關鍵在於我們須懂得把計劃交託給神。鄺炳釗博士在《從聖經看如何活得更快樂》中，也指出祈禱放下的竅門，例如接受無法改變的事物，不過分執著與糾纏；放下「控制一切」的想望；以及在神面前謙卑，信得過神的大能等。

我覺得，要學習交託放下，真要有一份謙卑才行。保羅本是驕傲的人，但他經歷「大馬色失明事件」後，卻完全體驗到人的無能與神的大能。所以，他在書信中，深深驚歎神的道路高於人的道路！我相信，人也必須有這種認識，才能真正把憂慮放下，展現灑脱的笑顏。「活在當下」是當代人需要學習的功課；但要學得好，卻不能沒有主保守看顧的應許作後盾，更不能沒有對主耶穌的謙卑信靠。沒有信仰的「活在當下」，可能會淪為自欺與放任，也難獲得真正的平安。

延伸閱讀

鄺炳釗著：《從聖經看如何活得更快樂》(香港：天道書樓，1999)。

旅遊攝影改變灰色人生觀

每一格菲林，都是身心洗換的過程；每一幀照片，都是心與景象互動的凝思。

林東生，一個甘於為旅遊攝影而放棄優薪教職的「怪人」。過去，他要旅遊，是因為生命承受太多苦難；今天，他繼續旅遊，要把生命的美善，藉影像傳揚，感染別人。

旅遊攝影，把林東生的人生色調改變，化灰暗為亮彩。

林東生在個人網頁內，有這樣的自白：「給我一對輕盈的翅膀，讓我飛翔，飛到海極、飛到雲端，飛到擦乾眼淚的天堂。」……

這種類似五四文藝的詞句，令人想起徐志摩的新詩：志摩曾幻想自己是一朵雪花，要飛到愛人的襟上；林東生也時刻想飛揚，卻要飛離苦難的困境。

灰色的飛翔

「飛」，確是林東生的性格寫照。這位享譽港台的旅遊攝影家，生長於一個不快樂的家庭，父母不和，時常爭吵打罵，生活很艱苦。有一次，他的爸爸竟把媽媽打得頭破血流，媽媽瘋

了一樣的還擊。「那時，年幼的我只嚇得跑到海邊痛哭！我希望自己能變成小鳥，飛離一切不幸和苦難」。

不愉快的童年經歷，塑造了林東生悲觀孤僻、喜愛浪遊的性格。他自從大學畢業、教書一年，就好像插上了難以停頓的雙翼，不停到列國漫遊，找尋可駐足的樂土。「最初，我迷上了電影，所以跑到英國讀電影，希望藉此表現人生的悲喜和漂亮的影像。回港後，卻發覺本港電影太商業化，與自己的理想相距太遠，根本沒機會開戲。於是，放棄了，改為學習攝影……最初開始旅遊，是為了找尋攝影題材；慢慢地愛上旅遊，後來二者融而為一。」

大自然靈藥

旅遊攝影，不是林東生最初的心願，但遍遊列國，飽覽山水人情後，他的生命也鍍上樂觀色彩，使他走出傷感悲情。林東生回顧這段浪遊歲月，這種人生觀的轉變，他總結為兩個因素。

「首先，在旅遊時，我看到很多美麗的自然風景，例如天空、海洋、草地、山嶺等，不知不覺間接受了醫治，令自己暫忘憂愁。」林東生起初還不知道旅遊有這樣的奇效。後來，他研究色彩理論，才發現海洋的蔚藍色，可令人性格開朗；另外，他研讀心理學著作，也發覺藍色代表了穩定、忠誠、自信；綠色則給人寧靜、和平、悠閒的感覺。所以，他相信長期旅遊，確起了潛移默化的作用，改變了他容易憂鬱、浮躁的性格。

「就像去年，我遇上一件很悲痛的事，猶如一場不能承受的苦難，刺進生命之中。那時我去了帛琉羣島。那真是個水世界，海水透明度很高，在岸邊也可看到熱帶魚和珊瑚。我在其間潛泳，發覺生命很美麗，人間有很多美景，原來活著就是好事。旅遊攝影，的確可減輕我內心的痛楚。」

天堂式抱怨

林東生熱愛藝術，自小也培養成多愁善感的性格。他笑言，自己經常有煩惱，所以經常去旅行，為要求取平衡。而在旅遊中，他除了接觸大自然，也看到許多落後國家人民艱苦的生活，這一點，同樣對他的人生觀產生很大衝擊。

「我到過很多落後國家，令我感概很深。好像印尼，那裏的人力車夫連鞋也沒有，在炎熱天氣下，還得拉著貨物和客人在街上走，每日只賺取兩至三美元。而自己拿著相機，卻說有許多許多煩惱，這很難說得過去呀。」

「又有一次，遊罷恆河上岸，看到許多乞丐俯伏地上，拿著缽子。那時我很想給他們金錢，但不知應該給誰。真想不到，連做乞丐的競爭也這麼大，對比起來，自己已很不錯啊！」

林東生坦言，長期看到極度貧窮的人，令他懂得用另一角度觀看人生，覺得自己在城市中所承受的生活壓力、苦悶，其實都是小事，自己所得的待遇，已經遠勝落後國家的人民。假若把生活場景轉換，相信他們定會覺得香港、台灣都是天堂；而自己此刻的苦悶，只是一種「天堂式的抱怨」而已。

樂土何處尋

抱怨，其實又豈止林東生呢？此時此刻的香港人，也不知有多少染上這個「都市病」。不過，足迹遍及七十餘國，曾試圖找尋樂土的林東生說，相比起很多其他國家，香港縱然失業率高企，生活也算是「豐衣足食」了。

「人間根本無樂土，每一處地方都有快樂和痛苦的人，重點是人可以選擇過快樂的生活，這得看你的心境如何。有時候，很窮的人因滿於現狀，會比我們還活得快樂。例如菲律賓傭人很樂天，假日看見他們都很歡樂地笑；相反，有時她們的主人卻不及傭人快樂了。」林東生諷刺地說。

快樂的奧祕到底在哪？很多人都想知道。林東生以前悲觀消極，覺得生命充滿悲苦，常藉旅行遣愁排悶；但經過長期旅遊的「治療」後，他覺得生命很有意義，到處充滿美景及新奇有趣的事物。「人不應太消極，應把握生命賦予給你的可能性。而我的可能性，就是做旅遊攝影，所以便要開心一點去做，滿意目前的處境。……我現在的人生目標，就是希望作品可見證我的信仰，讓人知道奇妙的大自然背後有一位創造主。」

學做小孩子

懂得欣賞自己的處境，是人生一種必修的藝術。雖然那根傷痛的「刺」，還重重壓在林東生的心頭，但他覺得神已給了自己很多醫治的處方：

「在最淒苦無助時，神不斷為我開路，讓我在台灣有很多工作、分享會，現在又把我帶回香港，重執教鞭，令生活安定下來。我每天面對著天真的小孩子，他們很單純，很快樂，很易滿足。這可算是神為我度身訂造的醫治方式，我以前思想太複雜，所以很痛苦，現在要反過來學做小孩子了。」

反璞歸真，是不少人以為的人生最高境界。前陣子，一齣講述「單純、開心的戇夫」的電視劇大受歡迎，反映了低迷經濟下的人心嚮向。所謂「簡單就是美」，原來不僅是指生活習慣，做人的心態也該如此。

本文部分內容原載於《明報．副刊．萬種旅情》，(2003年3月25日)，原題為〈旅遊減壓，攝影忘憂〉，獲《明報》允准轉載。

訪後游想：

神知道我的遭遇嗎？

在崇拜中，常聽見牧師說：許多人雖有信仰，但在生活實踐中，卻像一個無神論者。

無可否認，我們在不少時刻(或許是大部分時刻！)，的確像一個「無神論者」；尤其是遇上逆境，自卑、自憐的時候，這種信仰與生活二分的特性，更會立即現形。

在訪問林東生時，他提到一根刺，重重的壓在心頭。這根刺，他不能除去，但他卻滿有把握的說：「神在這裏的！」林東生是個不折不扣的性情中人，他說話時幽幽的眼神，堅信的語氣，幾點盈於眉睫的淚光，都令小記留下深刻印象；而他那句「神在這裏」的說話，更令我領受殊深！

訪問林東生後的一天，我父親便因腦中風入院，情況危殆。他送院那一晚，我正在上課。下課後，我才知道這消息。那一晚，我匆匆趕往醫院，心情沉重，因醫生囑咐我們最好留守他身旁，因為……

就在這心神搖盪、急急趕路的一刻，忽然，在我面前二十步之距，一輛汽車在不遠處拐了一個大彎，撞倒欄杆，衝上人行道——那急促的剎車聲，「軋」的一聲中止了我的沉思。在有驚無險之餘，我立即感謝神，同時想起了林東生那句說話：「神在這裏的！」

這時候，我心裏湧起一陣安慰，因這句說話，把我從悲苦的迴念中，拉到神的面前，叫我明白神原來一直深切地關注著我，祂知道我的處境，並會跟我一起面對！這種不知從何而來的信心，穩住了我的情緒，也叫我把眼目重新放在神的身上，不是老盯著自己，做一個生活中的「無神論者」！

父親終於度過了那一晚，但危險期未過，沒有蘇醒。那段守候病榻的日子，我的腦海經常浮現「神在這裏」這句說話。那時候，我真不知怎樣禱告，因為醫生說爸爸康復的機會很微，即使能挽回性命，也會半身不遂，不能說話，如此對家庭——尤其是年邁的媽媽，便構成很大的負擔了。那時，我不知道是否應該求神救回爸爸，每一夜，我只懂得含淚交託，把爸爸的生死交給神，因為我知道惟獨祂，才知道怎樣是最好的。結果，爸爸掙扎了兩星期後逝世了。而我的感覺，是安然的接受，因我知道「神在這裏」，這一切都有神的心意。

爸爸去世後，我才寫成林東生的專訪。林東生的經歷，不時促使我反省這一年來自己的遭遇，尤其是他說：「在最淒苦無助時，神不斷為我開路……這可算是神為我度身訂造的醫治方式」。原來，神讓我離開原來安舒的工作環境，讓我有機會訪問不同的宗教人士，正是叫我不斷「學習」，擴闊心靈視野，重建正確、健康的人生觀。這是祂醫治我的一帖奇方！就好像訪問林東生，我不僅可隨他的足迹，訪遊天下；更藉著他的經歷，重新肯定神的全能與慈愛，叫我確知神掌管歷史人生，讓我敢於安然交託！感謝你，主耶穌基督，因你的智慧叫人驚歎，你的慈愛何其深廣，你對人的看顧叫人驚訝歡呼，哈利路亞！

延伸閱讀

林東生著／攝影：《那一年，在希臘的島上》(台北：校園書房，2001)。

與眼疾共舞

心理學家喜歡讓人畫圖畫，表現內心感受。如果要你描畫患難的世界，畫紙上會出現甚麼呢？灰天灰地，踽踽獨行？……

一個神學教授，四年前證實患上青光眼，病情頗嚴重。不過，在他狹窄的視野裏，患難的世界卻廣闊無邊。他堅信在眼疾陰影之下，仍有足夠空間迴旋，能像鷹展翅飛騰，尋找神為他安排的新角色。

生有時，死有時；拆毀有時，建造有時。人生的際遇，誰也不能測得準、說得定。中國神學研究院副教授鄭順佳博士讀工程和電腦出身，後轉讀神學，並曾遠赴美國進修。正當盛年的他，回港後一心獻身神學教育，豈料證實患上青光眼，前途蒙上陰影。

青光眼是一種令視野慢慢收窄，直到失去視力的眼疾，迄今無法根治，只能用藥物控制病情。醫生說鄭博士的情況屬於嚴重，眼細胞死了九成，視野很窄。鄭博士笑言「最怕晚上出街，因為很容易跌倒；又怕光線不足，看不清周圍事物，別人可能會覺得自己『很高竇』，不睬人呢！」

變盲不會「不甘心」

生命中，遇上不如意的事，很多人會浮想聯翩，而且愈想愈糟，再悲觀些，隨時作出偏激的決定。

「開始時，自己也很擔心，曾想過會不會盲，以後的生活怎樣等問題。後來上網看了許多資料，知道盲人生活有許多限制，對傷殘人士的感覺也變得敏銳起來。了解病情後，恐懼感反而降低了。」

一個誓言將一生交託於神的年輕神僕，偏遇上或會變盲的命運，心裏的滋味到底如何呢？

鄭博士坦言從沒有「不甘心」的感覺。「盲了後，現在的工作可能要停下來，或者，神用自己就到此地步吧，這樣想會較舒服！然而，今天仍可以服事神和人，這都是恩典，所以我很珍惜神仍使用自己的每一天，深感每天都極其寶貴。」

留學生涯增強信念

對於突然失明，相信很多人都難以接受。然而，架著過千度近視眼鏡的鄭博士談起他的病況時，卻難得輕鬆自如，恍似一絲憂慮也不記掛在心。在百呎的辦公室內，他笑著閒談，襯著窗外雨聲，細說過去往事，原來當年留學的經歷，正是他能從容面對患難的祕訣。

「我赴美國讀神學時，只有夠用兩年的錢，但卻要讀七年。錢不夠，當然很冒險，而且我還帶著一歲大的女兒同去。當時我只憑信心，堅信神會保守自己。結果，我們得到很奇妙的供應，想也想不到！兩年的錢，竟夠七年使用，而且還有餘。我覺得這是一個神蹟，印證了信心的果效。」

本來能夠支持兩年的錢最後用了七年，令人聯想起「五餅二魚」的故事。鄭博士說當年留學生活頗艱苦，節儉至近乎吝嗇的地步，但總算平安度過。他指出，這七年是很重要的經歷，讓他知道上帝不會令他有所缺乏，也成為這次面對病患考驗的支持。

「我相信神不會離棄自己，即使會盲，對生計也不太擔心。反而，我只想到上帝會在哪方面繼續使用自己呢？我深信上帝有祂的計劃——即使在人看來不怎麼理想。但這信念，正是幫自己度過患難的憑據。」

苦難由來無法解釋

很多人說苦難能造就人，讓人學懂不少功課。面對這次頑疾，鄭博士自言要學習的就是順服：

「聖經說賞賜的是上帝，收取的也是上帝。得到的時候當然興奮，失去便很難接受。患難時，心裏要跨過的就是這關，要信得過神，相信神會照顧自己和全家的需要，也要調校自己的生命故事，去配合上帝的天國旨意，這是一種很大的考驗和挑戰！」

在鄭博士的神學觀念裏，苦難的由來無法解釋，因為它與上帝的本性相違，與真理相悖，不符合理性，也違反一切邏輯，邪惡更是上帝否定的東西。至於自己的際遇，鄭博士表示不相信基督徒會對苦難免疫。「少少事就向上帝投訴，這沒有意思。很多人也有病，面對考驗時，信仰正顯出其寶貴之處，就在於幫助人經過這些考驗，顯出人性的光輝。就像SARS肆虐期間，從勇於犧牲的醫護人員身上，便可看出生命的精彩和高貴。」

遇逆境要識「走位」

生命沒有患難，人可能會腐臭在行屍酒肉之中；但當遇上苦難，又應如何保持充足信心，面對未來？鄭博士指出，過去克服困難的經歷很重要，它可成為信心的基石；而且要思想怎樣去度過，或可看看信仰可給予甚麼新的角度去看苦難，以致可找到積極的角色來參與——用俗語說，就是要識「走位」。如果是基督徒，就要信得過上帝，相信祂會預備新的崗位；也要預留心靈空間，讓自己與上帝相遇 (encounter) 。

苦難的存在，一直是歷史懸謎。然而，患難的天地卻未必盡是灰暗，它可以導引人生有新的發展，能鍛煉生命的韌度，磨練出人性光輝，這都是千載可以共證的事實。

原載於《明報．星期日副刊．心靈》，(2003年6月1日)，獲《明報》允准轉載。

訪後游想：

如何體驗神的愛？

一直以來，我都覺得姊妹在體驗神的愛方面，比弟兄優勝。在教會分享時，姊妹會說出許多屬靈經歷，而且說時充滿感情，說罷還展露單純而幸福的微笑……

弟兄呢？可能只滔滔不絕說出一些神學理論，或指出某些解經上的謬誤，使旁聽者露出「不解」又欽佩的神色，但說到交託……

或者，這是有點以偏概全吧！但這真是我平日的體驗。不過，當我遇見鄭順佳博士時，他的言行卻打破了我這種觀念。

我是在課堂上認識鄭博士的。他給我的印象，與其他神學教授不同：他雖然學識豐富，卻沒有雄辯滔滔，以高言大志挑戰你的雄心；相反，他卻展現「溫柔」的一面，尤其說到神的愛時，聲音更充滿感情，帶引你走進感性的神學迴想。

當我訪問他，得悉他的生命故事時，我開始明白：他對神的愛的體驗，是源於留學的經歷；而這段經歷，就像神蹟一般，在他生命中烙下難以磨滅的印記，令他往後懂得交託，從容面對頑疾。

的確，信仰要顯得充實，必須經歷神的愛；假如空有知識，只懂理性地相信神，信仰便會顯得蒼白，失去姿采。我懷疑，弟兄較難體驗神的愛，與他們不「善於」交託有關；而不「善於」交託，又與傳統的男性剛強形像有關。區祥江在《男人的面具》中，便指出傳統男性往往戴上三副面具：戰士（等級的追求）、發燒友（將情感聚焦在物件上）及木乃伊（抑壓情感）；該書作者說男人要活得真，便得認真面對「對等級的追求」，以及「木乃伊的冰冷」這兩個特點——「說得直接一點，就是男人的自負，與迴避感受的習性。」

雖然區祥江只指出面具對人際關係帶來的影響，但我相信面具也同樣會窒礙人神及肢體的相交，叫男人不容易放下身分，承認軟弱；遇上困難，也不願找人幫忙，甚至不願意說出來，示人以弱！如此奔流著傳統男性血液的弟兄，難怪也不太懂得交託和倚靠神了。

所以，我們這一代男兒，其實不僅要有掃羅的剛強，而且還要學效大衛的謙卑和真誠，敢於在神面前披露心迹，甚至哭哭啼啼，並安於依靠神的大能，這樣我們才能經歷神的愛，令信仰變得有血有肉，煥發光采。

延伸閱讀

蔡元雲、區祥江合著：《男人的面具》（香港：突破出版社，2002）。

衝出毒海，腳底出朝陽

做一件事，經過多少次失敗，你才會放棄？追求一個女孩，你會被拒絕多少次，才會死心？

一班過來人，曾在毒海的泥濘裏，跌倒再爬起，跌倒，再爬起……他們深信：風雨裏，只要腳底向下，奮勇向前，終會走出朝陽！

終於，經歷七、八次的挫敗，他們成功戒除毒癮。過來人戰勝「毒魔」的奮鬥經驗，固然值得喝采；但那種百折不撓的精神，其實更值得我們學習。

個案一：走出幽谷，全憑她／祂的愛

電影裏經常有這樣的鏡頭：一個江湖大佬，時常喊打喊殺，可是當他一看見心儀的「女神」出現，惡樣便立即轉為笑臉，變成一隻純純的羔羊——愛的力量，從來都是不可思議！

少文也因為愛而脫離毒網。她現在是「恩信之家」(一個牧養女戒毒者的機構) 的幹事，人人都稱她為「大笑姑婆」。今天，她們一班過來人聚集在「恩信之家」的小屋裏，練集彈琴唱詩，準備兩、三天後做「大買賣」——到的士高場分享見證，搶救靈魂。

吸毒歲月不懂笑

少文說現在的生活很開心、很滿足，最近還搬上公屋，兒子又結婚生子，這是她以前從未想過擁有的美滿家庭。回顧以前的歲月，少文以「不懂笑」來形容。

「我自幼與父母關係不好，十二歲便離家出走，後來染上毒癮。那段日了可說是『不懂笑』的，整天生活在恐懼之中，怕沒錢買白粉，又怕給警察捉拿。一天到晚，都想找錢吃白粉，吃飽了，便睡覺，睡醒了，又找白粉吃。雖然曾試過多次戒毒，但一感到辛苦，全身骨痛，又放棄了。」

少文第一次戒毒是被迫的，那年她只有十多歲，被人拉進了大欖懲教所。至於她第一次「自願」戒毒，則是基於健康理由。她向記者伸出一條雪白而「不見血管」的手臂，一邊指示一邊解釋：「吸毒打針，會令血管下沉；打得多了，沒血管可打，便要打肌肉。但打肌肉會引致潰爛、生瘡。有一次，因為痛得厲害，便有衝動跑去戒毒。」

少文前後試過八次戒毒。前七次，都是她一人面對的；到第八次，她要求丈夫一起戒毒，終於取得成功。少文認為今次戒毒成功，是由於她與丈夫能互相支持，決心較大；另外，她的恩人

——郭恩慈從旁不斷鼓勵，也是不可缺少的因素。

恩人流露耶穌的愛

「我是在『巴拿巴愛心服務團』戒毒時認識郭姑娘的。」

「她看著我進出『巴拿巴』戒毒多次，但從來沒想過要放棄我。在第八次戒毒時，我曾想過：為何郭姑娘會如此『好人』？她的愛從哪裏來呢？跟著，又想起她的說話：『戒毒光靠自己是不行的，只有靠耶穌才行，祂會幫你！』很奇怪！這次戒毒為期六個月，一樣很辛苦，但這次我不想走了，而且對白粉再沒有感覺，到今天，我仍不明白為何這樣，可能是神的帶領吧！」

少文經歷了八次戒毒，終於能重新做人。但踏進社會，面對新的生活，面對舊環境的引誘，才是戒毒者最艱難的日子。可幸，郭姑娘仍對少文不離不棄，時常長途跋涉入屯門探望她兩夫婦，又帶她們去佈道會、參加團契、陪同上慕道班。少文坦言：「家人待我也不會這樣好！」結果，少文兩夫婦因為「在郭姑娘身上看到耶穌那份愛」，決志相信耶穌，展開人生新一頁。

說到她的新生，少文再次展現她「大笑姑婆」的本色，發出如陽光燦爛的笑容：「現在因工作關係，要學很多東西，如電腦啦、倉頡輸入法啦，很辛苦啊！」她笑著繼續說：「以前我的生活無目標、無尊嚴，連家人也不敢見，但今天卻充滿平安喜樂，不會太執著，能接納別人的批評，脾氣也改善不少。此刻我最大的心願，就是能幫助過來人，向他們傳福音，希望可感染更多人遠離毒品。」

個案二：「跨界」情緣挽回浪子心

面前的男士叫國俊，三十多歲，個子高大，看來有點內向。他是「恩信之家」少有的男成員。要說他戒毒的經歷，便得從他的愛情故事說起。

國俊今年才結婚。他從小在徙置區長大，中三輟學，十七、八歲開始吸毒，自此便在黑社會打滾，勒索、行騙、打劫等勾當，他通通都做過。就在十八年前一次玩滾軸溜冰的機緣下，他邂逅了現在的太太。他的太太生長在一個基督教家庭，父親是牧師，他們倆人交往，自然遭受家人的反對。不過，這段「跨界」情緣卻真的受得起考驗。雖然國俊多次入獄，但經過十多年，兩人的感情沒有中斷，最後還幫助國俊脫離毒癮。

女友以分手作威脅

「太太一直很想我戒毒，也曾帶我到她爸爸的教會，希望我

會改變，但結果都令她失望。到了一九九三年，我因販賣毒品再次入獄。太太來探監時，勸我信耶穌和戒毒，鼓勵我祈禱，又送聖經給我看，並說：『只有耶穌可以幫你，以前你多次戒毒也不行，這是我給你最後一次的機會了！』」

國俊很珍惜與太太的感情，聽到這番話後，內心當然充滿掙扎。後來，國俊在獄中認識了一位死囚。那死囚在獄中信了耶穌，言談舉止都起了很大變化。國俊對此一直抱懷疑的態度，質疑耶穌是否如此「厲害」，還是那人只在偽裝。他一面猜疑，一面觀察，心忖：如果耶穌可幫他戒除毒癮，坐牢多於兩年刑期，他也心甘情願。結果，那死囚比他更早出獄，國俊的刑期也真的比原定的多了三個月——但這次他成功戒毒了。

愛的力量不可輕侮

國俊認為他能夠成功，是因為太太背後不斷的鼓勵和代禱，否則他出獄後，一定會立即找白粉吃。現在的國俊，也像當年獄中的死囚一樣，言行有了很大的轉變，內心充滿喜樂，又會替他人著想，更希望可以幫助過來人戒除毒癮。在訪談結束時，他更情不自禁向記者舉手笑著說：「我的太太是神賜給我的！」

的確，這是一個令人欣羨的神蹟！一個苦等了十八年的女孩，一個沉淪毒海十多年的浪子，造就了一段超越重重障礙的「跨界」情緣！這段情緣也向我們曉諭：愛的力量不可輕侮，即或遇上重重困難，它也可承載我們度過險境，奔向朝陽。

原載於《明報．生活副刊．心靈版》，(2002年9月1日)，獲《明報》允准轉載。

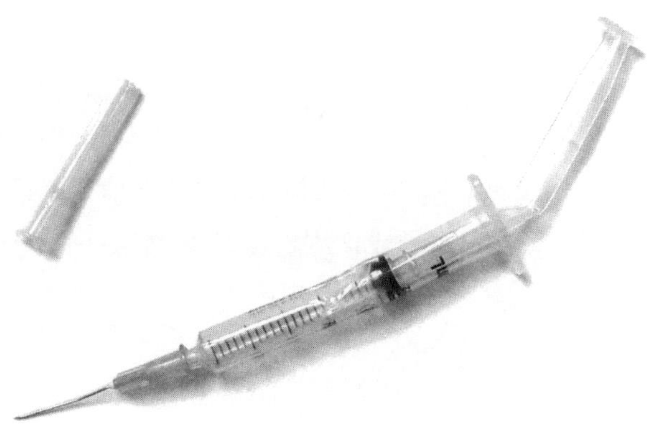

訪後游想：

扭轉生命的力量在哪裏？

坦白說，採訪前，心裏也存著一點虛怯：黑社會的「大佬」會是怎樣的呢？會不會依然兇神惡煞，滿佈紋身呢？……還記得，那天踏進「恩信」的小屋，迎面看到的，是一羣染了髮的中年女子，帶著沙啞的嗓音，彼此談笑著，當中又夾著一些琴聲，並穿梭著一個化了濃妝，打扮時髦的妙齡女子……

我帶著戰兢的心情，隨著「恩信」的負責人走進屋內，真有點像走進另一個世界的感覺。我想，我這種感覺，相信也是許多自小在教會成長的基督徒的感覺。對於這羣從前在黑社會生活的弟兄姊妹，我不存有歧視，卻有一種因不了解而帶來的陌生與疏離感。由是，我開始了解「恩信」負責人陳佩珍姑娘所說的話：「過來人最難面對的，不是戒毒，而是戒毒後如何開展正常的生活。他們需要特別的牧養，尤其是他們很難融入正常的教會生活中……」

經過多次與過來人近距離的接觸，我開始對他們產生一種親切感，甚至乎有點敬佩。因為他們生命的改變，的確判若雲泥；在罪中掙扎的經歷，更是震撼人心，這也是我在採訪時不斷追問的問題：究竟扭轉生命的力量在哪裏呢？是人的愛？基督的愛？還是神賜下的真理呢？……但他們往往不能很準確的說出來，多是含糊地說「不知道」。

或許，對於自己的信仰，過來人不能很清楚地敍述，但他們與神相遇的經歷，卻是千真萬確的。猶記得，在恩信之家七周年感恩會中，有一羣「恩信」的少年成員獻詩，歌名是：《偶然遇上的驚喜》。他們奏的音樂，帶點搖滾味道，但唱歌時投入的表情，卻令人感到震撼。我看見其中有一位年約十七、八歲的女孩，一面唱，一面閉上眼、流著淚、搖著手……我的心神給完全懾住了，因我看見她的生命在舞動、在歌唱，她的生命，真的被神從泥濘中摻扶了，給神的愛觸摸了——而這一刻的景象，那一首被唱得令人動容的詩歌，烙在我的心裏，就成了一個神榮耀的印記，叫人歷久不忘。

扭轉生命的力量在哪裏呢？我想，曾與神相遇的人都會知道。

杏林子遺送世人「心靈眼」

杏林子猝逝，惹起人深深的懷念。她樂觀、豁達的生命風采，曾感染許多人跨越人生險阻。今天，她遠去了，除捐出眼角膜遺愛人間外，也遺下一雙「心靈眼睛」，叫人看清生死、苦難的皮相，直探生命潛藏的喜悅。

瀟灑看生死

這個月，筆者先後參加了兩個送別生命的聚會：先是父親莊嚴的中式喪禮；後是杏林子輕鬆的告別感恩會。兩種格調不同的聚會，滑過了兩種迥然不同的心情——從哀傷、悲慟，以至對死亡感到一份從容，甚至有點「歡喜」。

是的！說歡喜，不是對杏林子有何不敬，而是死者對出席者的要求。在感恩會的紀念特刊上，刊載了她自己一段禱文：

「請勿用眼淚和哭聲埋葬我……我多麼希望你們歡歡喜喜／如同我的歡喜一樣……就讓我悄悄的走／回到我原來的地方」。

那天，會場上放了許多色彩繽紛的雨傘，綠的、藍的、黃的，把整個追思會的氣氛，渲染得有點輕鬆、愉悅。嘉賓的分享，雖然仍流露萬分不捨，但杏林子一生美麗的腳蹤，卻叫人體悟到上帝賜予生命的欣悅。

一個人，能對生死這般瀟灑，心底定然有份堅定不移的信念。杏林子曾說：「我也知道，人死了，靈魂會往哪裏去？……那是一個『不再有眼淚，不再有哀號痛苦的地方』。」

不能不快樂

杏林子對死亡顯出瀟灑，是源於能返回天國的盼望。但天國又豈止於仰望未來？就在豁然頓悟的一刻，天國的喜樂其實已呈現心中。

浸信會神學院院長江耀全牧師在感恩會上，便分享了杏林子對他心靈的影響。他說，杏林子讓他看到三項傳奇性的事情：一個充滿鬥志、幽默感，激勵許多人的生命；一個背負痛苦的殘障病人表現出來的從容和喜樂；支撐杏林子生命的信仰力量。

江牧師和杏林子會面之時，他正在浸會大學事奉。那天，他心情異常沉重，但當接觸到這位「快樂的病人」時，就被她散發的生命力感動，啟悟到「自己根本沒權利不開心」！

杏林子罹患重疾四十多年，全身關節日漸朽壞，經常痛苦難當，但她依然活得快樂。這種生命的姿采，是由於她對苦難有一種達觀的看法：

「或許我曾失去許多東西，但絕非全部，我深知生命的可貴在於它同時包含許多美好的元素……我們不能僅僅因失去了其中某一種，便對整個生命的價值發生懷疑。」

「很多苦難在一時看來，或許是不幸，但上帝也往往藉此機會磨練我們的信心，激發我們生命的潛能，發揮出生命的價值和光輝。」

勇者的祕密

無可否認，杏林子確是「生之勇者」。在感恩會上，正當嘉賓眾口一辭稱讚她時，她的弟弟劉侃卻道出「勇者」平凡的一面，叫人更感受到她生命裏的掙扎。

原來杏林子在信耶穌後許多年，靈性仍十分軟弱，對神認識不深。有天晚上，家人都酣睡了，杏林子周身關節卻痛得厲害，不能入睡。她坐在牀邊，聽著家人的鼾聲，心中十分生氣，便向天祈禱說：「神啊！我現在痛得受不了，你到底是真還是假的，拜託一下好嗎？要算是減輕一點痛苦，也好讓我知道你存在。」說罷，身子就像有一股暖流經過，疼痛不見了。她弟弟說：「從那天開始，杏林子便確信有神，知道神會拯救她，變成天不怕、地不怕了。」

事實上，杏林子自己也承認這一點：「我只是一個平凡的人，也會軟弱，也會心情煩悶……我只有向神祈禱，求祂給我力量，給我勇氣……主啊！我把歡笑給了世人，把眼淚給了你。」

信仰，無疑是杏林子生命的支點，也開啟了她心靈的眼睛，把她變成一個「強者」。這雙「眼睛」，現在也附在她的書海裏，遺留給我們，讓我們這些「普通人」，也可像她一樣，活得更勇敢、更快樂。

原載於《明報，星期日副刊．心靈》，(2003年3月9日)，獲《明報》允准轉載。

訪後游想：

如何豁達地面對死亡？

離開了杏林子的追思會，腦海間，仍飄浮著色彩繽紛的雨傘。黃的、綠的、藍的，美化了死亡的天空，讓人感受到，原來死亡真的可以如斯瀟灑！——不只是書本上的傳說。

在喪禮上，「鼓盆而歌」……。

杏林子的死，讓我想起了同樣瀟灑面對死亡的莊子。《莊子》一書記載：在妻子的喪禮上，莊子不獨沒有哭得死去活來，反而鼓盆而歌，認為人的死，就如四季遞變，是一種自然現象，毋須嚎啕大哭。莊子這種「視死如歸」的豁達態度，就恰如杏林子叫我們以「歡喜」來送別她那樣，同是瀟灑得令人忘卻離別的哀愁。

讀大學的時候，我最欣賞莊子灑脱的人生態度，也認為基督徒最有條件演活這種人生境界。雖然論到道家與基督教，不少神學家多會比較老子的「道」和基督教的「道」，但我卻偏愛把莊子的「忘我」精神（至人無己）[1]，與基督教的「捨己觀」相對照，覺得它們確有異曲同工之妙，都是叫人不執著「實踐層面的我」[2]，而活出「與道聯合」的人生境界。當然，我絕不是説莊子的見解能與基督教等量齊觀。事實上，兩者之間有許多不同之處，例如莊子對「道」的解釋，只是一己的推想，他崇尚自然的人生觀也是機械式的；但基督教對「道」的了解卻源於啟示，這「道」是有位格的，而基督徒與「道」的關係也充滿愛的交流，絕非道家那種「冷冰冰」的模樣。因此，若論境界，基督教自然要比道家更勝一籌。

死亡，原是孤冷、暗寂、令人震慄的。怎樣才可豁達地面對這可怖的關口？除了要學莊子視生死如自然變化之外，更要像杏林子那般，心底能守著一份返回天家的盼望——「那裏沒有痛苦、沒有眼淚……」(啟二十一4)——惟有如此，短暫的人生，才能續以壯闊美麗的遠景，讓人在匆促的歲月裏，能以永恆的目光，笑看人間悲歡離合的眾生相。

註釋

1. 語出《莊子．逍遙遊》。
2. 這裏引用了溫偉耀博士在〈新約人性論〉中談及「自我之忘卻」情態時的概念。詳參溫偉耀：〈新約人性論〉，見陳濟民、馮蔭坤合編：《初熟之果——聖經與本色神學》(香港：中國神學研究院及天道書樓，1986)，頁110～111。

延伸閱讀

杏林子著：《杏林子作品精選集》(香港：宣道出版社，1986)。

杏林子著：《美麗人生的22種寶典》(台北：九歌出版社，2000)。

題二

宗教殿堂

屬靈操練化逆境為祝福

聖經中，大衛打敗巨人哥利亞的故事，很多人都聽過。基督徒會誇讚大衛的信心和勇敢；而你——會不會嗤笑巨人外強中乾，不堪一擊呢？

「九七」後的香港人，面對經濟衰退，就好像被擊敗了的哥利亞般，剎那間，自信心給粉碎了，從前的「大香港」心態消失得無影無蹤。

生命，為何會變得脆弱呢？

聖經沒有太多筆墨去描繪哥利亞的心態，因為他很快就被「解決」了——但香港人不是！如果用足球賽打個譬喻，現在或許仍未到下半場，機會仍多著，只要不放棄，隨時可「扭轉乾坤」！

生命福音事工協會曾舉辦一個名為「化逆境為祝福」的講座。該會總幹事劉文亮指出，人面對生活逆境，最重要是解決「心靈遮蔽」的問題。他解釋，人處於逆境，除了要踏踏實實面對外在惡劣的環境外，更令人困擾的是內心強烈的情緒。這些情緒，如焦慮、恐懼、沮喪、徬徨、憤怒等，就像一股風暴，遮蔽了心靈，使人找不著支持生命的力量，甚至失去理智，走向絕境。

針對這種情況，他提出「超越逆境三部曲」——化解情緒困擾；訂立人生目標；建立堅強生命——幫助人走出生命的幽谷。

化解情緒困擾

首先，劉文亮認為每個人內心深處，其實都有一種正面的生命力量。遇上逆境時，最重要是化解情緒遮蔽，讓這種正面力量重現；對有宗教信仰的人，這就是一種內心的平安。劉文亮提供了兩個屬靈操練的方法，幫助人平息情緒的困擾。

「第一個是『化解內心的煩亂』(詳見附篇)，是透過一些姿勢、深呼吸、默想等，引導人回復平靜，返回內心與自己相處，找回內在生命的力量。這個操練很重要，因為人一跌進外界事物的迴想中，就不能返回內心，失去定力，就無法面對問題。至於另一個『讓耶穌與你同行』，則是透過經文默想與禱告，幫助人緊緊倚靠神，讓他們能安心，有勇氣面對困難。當然，這比較適合基督徒了。」

訂立人生目標

平息情緒困擾後，第二步是訂立有意義的人生目標。劉文亮認為香港人過去太短視了，如果人具有長遠目標，生命就有定位，即使面對困難，也會為目標奮鬥。

「有一次，我在一間銀行看到一個廣告，上面寫著：『到了二○一○年，你可以實實在在擁有甚麼？』這句話引起我很多聯想：有人會拿出生果金來助養別國兒童，有人絕食抗議聲援一班受欺壓的人士，也有人到非洲生活為當地人提供醫療服務……於是我體會到原來人有長遠的目標，生活就有動力，能認真活著，並有責任感。」

現在劉文亮也身體力行，為兩個女兒訂立長遠目標，用她們每年的「利是錢」，幫助內地小朋友讀書。他說，作為施予者，活得有意義，便能建立自強不息的動力，生命就變得有承擔了。那麼應訂立甚麼目標呢？「抽象一點來說，可做一些包含愛、有承擔責任的事；具體一點，可以教養子女，關懷社會上有需要的人。這些都可以令人在逆境中，仍保持堅毅的力量。」

建立堅強生命

至於走出逆境的第三步，就是藉著凝望十架的默想操練，建立堅強的生命。這操練的主題是重溫耶穌被釘十架的每個片段，體會祂極大的痛苦，激發自己「捱苦」的意志。劉文亮笑言，

「這世上，沒有人受的痛苦比耶穌所受的更大。當你覺得自己很苦時，想想耶穌，祂比你更慘，你的苦，其實沒有甚麼大不了啊!」劉文亮再解釋，在信仰來説，這操練其實不只是叫你有「捱苦」的鬥志，而是讓你藉著與耶穌相遇(encounter)，得著克服逆境的生命力量。

治本之道：醫治內在創傷

遇上逆境，難免令人氣餒，但也有人可借「逆」自強，這與人生觀是否積極有關。劉文亮稱，人不夠積極或偏向悲觀，往往是因為過去的創傷或所形成的性格(如自卑)所致，這些都是生命中的枷鎖，是潛意識的問題。單憑灌輸正面思想，或進行以上的屬靈操練，未必奏效；他們需要更全面的屬靈操練，才能醫治內在創傷，建立積極的人生觀。

附篇：「化解內心的煩亂」操練程序

逆境中，心煩意亂的時候，可嘗試進行以下的屬靈操練，它可幫助你收斂心神，不致受情緒所困。整個程序包括預備、讀經、默想及禱告四個步驟。若不是基督徒，也可以只進行預備部分的一至五項，這有助你紓緩情緒，冷靜面對問題。

一、預備：(約十分鐘，直至心靈平靜才進行下一部分)

1. 嘗試左右手互握，收緊……直至兩手手心緊貼至沒有空間。
2. 試感受你的心，此刻，你心就像你的雙手般緊閉起來。
3. 深呼吸，試收斂心神，集中思想……留意兩手掌的緊張狀況。
4. 你所遇上的事，使你的心緊緊關閉了，你想像到嗎？……你感受到嗎？……
5. 現在稍稍打開緊閉的手掌，留出一線縫隙，讓你的心就像你的手一般在緊張中稍稍放開，留出一道逢隙。
6. 讓你心仰望主耶穌，禱告：「主啊，求你進入我內心，我需要你！」

二、誦讀經文：

主耶穌對你說：「我留下平安給你們；我將我的平安賜給你們。我所賜的，不像世人所賜的。你們心裏不要憂愁，也不要膽怯。」(約十四27)

三、默想：

1. 你此刻仍混亂不安、手足無措嗎？再誦讀上列經文，收斂……專注……祈求耶穌的平安進入你內心。
2. 你正需要主耶穌的平安。邀請主耶穌進入你緊閉的心靈，讓祂觸摸你混亂的內心吧！
3. 別怕！請把心靈的現況交給主，試試把你的感受告訴神。
4. 慢慢再放鬆你的手心，想像你的心靈多了空間。(若一放鬆，

心靈又緊張起來的話，就再收緊手心，重複上述方法禱告，直至心靈安舒下來為止)

5. 專注仰望禱告，讓耶穌的平安像江河，流進你心……充滿你心……
6. 禱告交託：「主啊！求你進入我心，我需要你！」(或用你想用的禱文)
7. 主耶穌應許了我們——來到祂面前就得安息，這是無比滿足的平安，是主所賜的。
8. 在我們困難無助，背負重擔的時刻，主耶穌是知道的；祂更希望親自進入我們的心靈中幫助我們。
9. 祂進入內心與你連繫起來，從祂賜下的平安、溫柔、謙卑……祂與你連繫起來，幫助你面對困擾。
10. 主耶穌是我們的保障，在祂裏面有生命最大的平安。讓我們敞開心懷，讓主的平安充滿我們的心，好好享受主所賜的安息。
11. 聆聽，此刻主耶穌對你說甚麼呢？
12. 你浸在這安穩中，有甚麼想要向耶穌說呢？

四、禱告：主啊！願你的平安進入我心靈的縫隙裏，使我安息。

原載於《明報．生活副刊．心靈篇》，(2002年7月7日)，獲《明報》允准轉載。

訪後游想：

如何建立積極的人生觀？

很認同劉文亮說的話：怎樣看逆境，其實與人生觀是否積極有關。

近幾年，相信你和我都聽過半杯水的比喻——樂觀的人會說：「好哇！我還有半杯水。」但悲觀的人會說：「慘啦！我只有半杯水。」這比喻可謂一針見血，道出了培養積極心態的重要。

一個人是否樂觀積極，與他的成長經歷和性格有很大關係。劉文亮在接受訪問時，也多次強調這一點，並且送了一套建立積極人生觀的課程錄音帶給我。該套課程由回顧自己的生命成長圖起始，藉著一層一層地審視自己的內心世界，了解成長歷程中帶來的創傷；同時靠著反思三一神的恩典和信仰，讓神醫治自己，肯定自我，從而達致重整自我形像和人際關係，建立積極人生觀的目的。當然，整個課程並非三言兩語可以解釋清楚，當中涉及不少屬靈操練及內在醫治的程序，沒有導師輔助，很難收效。

我一面聽劉先生講解，一面躍躍欲試想重整自己的人生觀，可惜一心二用，效果當然不理想了。事實上，我也知道，要改變積存了二十多年的思想模式，絕不是一朝一夕的事，更可能不是報讀一次課程便能成功。記得以前讀大學時，同學常取笑我是黑膽質的人。黑膽質的人是怎樣呢？此語出自黎曦庭的《屬靈的氣質》，是指多愁善感、容易憂鬱的人。

我承認，自己的確是悲觀的人，凡事很容易先想它的壞處，而且要想到最壞、最盡，好像不夠悲慘，便不「過癮」一樣，真懷疑自己有點自虐狂！及至年紀漸長，嘗盡了負面思想的苦果後，終於醒悟：這是極愚蠢的做法！以前我以為先從壞處設想，到真實情況不太差時，便有種「先苦後甜」的感覺。這就好像年幼時吃雞腿飯，總是先吃飯後才吃雞腿一樣；殊不知，飯後雞腿可能給人搶了，或跌在地上，沒機會吃啊！所以，凡事先從好處想，似乎比較妥當，即使到後來結果真的不太好，但起碼先前設想的時候，心情會挺愉快呢！

蘇軾曾說：「凡物皆有可觀。」我也相信，凡事皆有好處，即使是逆境，也只在乎你能否察覺神在當中的心意。當然，說易行難，要懂得感謝「玫瑰有刺」，非得有堅強的靈性不可。這些年來，我遭遇到的不如意事也不少，每次也涕淚漣漣，但每當驀然回首，也驚訝神的智慧，和祂使萬事互相效力的安排。聖經說：患難生忍耐，忍耐生老練。(羅五3～4) 在不知不覺間，我也開始學習把憂慮交給神，並漸漸懂得感恩。而懂得交託與感恩，我相信，正是建立積極人生觀的必然要素。

延伸閱讀

劉文亮主講：《積極人生觀》錄音帶（香港：生命福音事工協會，2000）。

黎曦庭著，鄺保羅譯：《屬靈的氣質》（香港：天道出版社，1987）。

禱告擴張你的境界

禱告，對不少人來說，是面對生命挑戰的力量源頭。即或不是信徒，煩惱的時候，合上眼，靜靜禱告，思維也會振翼遠颺，漫舞於寧謐空間，使人得著安穩的力量。

這陣子，有一本談禱告的專書，震撼了北美人的心靈，曾出奇地榮登《紐約時報》暢銷書榜第一位。這本書有何魔法呢？

「它沒有甚麼法術，絕不是甚麼magic words！(具魔力的語言)」阡陌社區浸信會主任牧師林以諾斬釘截鐵地說。

林以諾牧師是香港首位搞「福音棟篤笑」的人，他的「穌哥Show」幾年前也創造了一次「奇迹」，受到許多人歡迎。林牧師是在加拿大的書展中，首次接觸這本暢銷北美的書籍——《雅比斯的禱告》(*The Prayer of Jabez*)。他看見後便立即買下來，並一口氣看完整本書，心中深受激勵，回港後也嘗試每天用雅比斯的禱文在神面前祈求：

「甚願你賜福與我，擴張我的境界，常與我同在，保佑我不遭患難，不受艱苦。」(代上四10)

雅比斯是記載在舊約聖經的人物，他的禱文就只有以上數句；而《雅比斯的禱告》的作者魏肯生 (Bruce Wilkinson) 便憑這些經文，寫了一本暢銷書籍。究竟雅比斯的禱文為何具有強大的感染力？

得著禱告蒙允確據

「我想是因為神清楚地應允了他的祈求，這在聖經中是不常有的。處身於後現代的信徒很注重果效，但傳統對祈禱的教導，往往要他們等候 (神的答覆) ；至於能否得到神的應允，也需要許多詮釋才可肯定。然而，雅比斯的禱告卻很清晰的表明神是應允的，這給了信徒一個禱告蒙應允的確據和保證，加強了他們對神的信心。」

林牧師說，根據網上資料顯示，魏肯生自己三十年來都用這段禱文向神祈求，而且還教導他人應用，結果證明非常有效，就好像一個禱告蒙應允的方程式。所以，他自己也嘗試使用，成效之佳，令人出乎意外。

運用禱文帶來奇迹

「從加拿大回港後，我每天也用這經文祈禱，並向弟兄姊妹分享。那時，我們的教會開始了第一次擴堂，工程尚未完成。但我心裏很有感動——神會擴張我們的教會，於是提出了一年內第二次擴堂，要租用樓上騰空了的六千五百呎單位。然而，那時教會的經濟十分拮据，尚負債百多萬元，弟兄姊妹信心不足，便只好把計劃擱置。後來，教會裏很多弟兄姊妹都用了雅比斯的禱文來禱告，同時我們也開展了兒童事工，並鼓勵兒童參與用雅比斯的禱文為擴堂一事祈求。結果，六星期後，禱告蒙應允了，我們在不可能的情況下，租用了樓上的鋪位，而且債款在半年內全數清還！」

擴闊心靈祝福別人

林牧師回憶這段經歷時，仍帶有興奮的感覺。在眉飛色舞之間，他指出雅比斯的禱告好像有點「洗腦」的意味，會令人在不知不覺中擴闊了心靈。他解釋，禱文中所謂「擴張我的境界」，其實不單指自己蒙福，更意指藉著我的蒙福而祝福更多的人。因此在禱告中，你會擴闊心靈的視界，而不單把焦點放在自己身上。

跟著，他又舉了另一個例子：有一個基督徒商人也用雅比斯禱文來禱告。有一次，他在展覽會上尋找商機。他一面看，一面想，忽然想到上帝要我祝福甚麼人呢？——這就是在禱告中擴闊心靈的效果。林牧師認為，這種自己先領受，後祝福他人的模式，和約翰福音裏「願你榮耀你的兒子，使你的兒子榮耀你」的經文（約十七1）有點相似。如果自己先領受神的福分，再祝福其他人，這樣傳福音時，就更有說服力，而且可改變華人教會一直不重視個人成就的傳統。

切忌為蒙福下定義

《雅比斯的禱告》中譯本推出後，曾掀起一陣爭議。有人認為這本書的解經方法出了問題，也有人指出它是「自私的禱告」，擔心會鼓吹功利主義。對於這些批評，林以諾牧師有何看法呢？

「首先要知道：雅比斯的禱文絕非magic words！不能把它視為一種獲取福分的咒語。如果禱告的動機純正，便不會有問題。至於是否一種試探？其實任何事都可能是一種試探，不能因為存著負面的可能性便不去實行，只要小心一點就可以了。」

那麼實行時須注意甚麼呢？

林牧師指出，除了不要視該禱文為magic words外，更不要自己為「蒙福」下定義，例如由負資產轉為正資產才算「蒙福」。「蒙福」其實不單是指物質上的，做事亨通，心裏感到平安喜樂，也是一種福分。要記著：賜福的主權在神，神要怎樣祝福，就得怎樣接受。另外，運用者也須領悟《聖經》中「施比受更為有福」的道理，學習把所領受的福分施予給更遠的地域，否則便會變得很自私，這是本港信徒——尤其是中產基督徒應該反思的問題。

附篇：雅比斯禱文，助你遇逆愈強

雅比斯是舊約的人物，有關他的記載並不多，而且還藏在枯燥乏味的家譜之中（見代上四9～10）。雅比斯的名字含有「痛苦」的意味。他的處境，他的禱告，對目前的香港人有何啟發呢？

林以諾牧師帶點苦笑地說，雅比斯的名字可說是一種詛咒，他的禱告就是要脱離受苦的命運。對於香港人，雅比斯的禱文不無反省的意義。

首先，香港人過去在富裕時走歪了路，對錢看得太重。即使是基督徒也不例外，崇拜後一樣談樓講股，只不過多了蒙上帝祝福等字眼。這反映出他們太注重物質，並認為資產增值是應該的。雅比斯的禱告可提醒他們矯正過往的價值觀：蒙福時應懷有感恩的心，更要有祝福他人的心態。

其次，雅比斯的禱文中「擴闊我的境界」，可提醒香港人要擺脱「大香港主義」，須放眼世界找尋機會，不要局限自己在香港發展；即如香港人的經驗、知識、技術，目前對內地仍有很大的幫助。對於中下階層的中年人，「擴闊我的境界」也可培養他們一種接受改變的心態，在失業時接受新的嘗試，從而祝福不同行業的人。

原載於《明報．生活副刊．心靈篇》，（2002年8月4日），獲《明報》允准轉載。

訪後游想：
神為甚麼要我們禱告？

老實說，這問題一度縈繞小記心頭。自信主之後，我便知道禱告很重要。祈禱，就彷彿是得力的泉源、蒙福的保證。但我的疑問是：神既然愛我們，又是全知全能的，而聖經也明言：在我們禱告以先，神已經知道我們的需要（太六8），那為甚麼神一定要我們祈求，才賜給我們所需要的呢？又或說，如果我們不祈求，神是否就不賜給我們所需要的呢？……

所以，當我知道「雅比斯禱告」的威力時，直覺上便有點抗拒，不知道神為何要定下要「禱告」才蒙祝福的原則；更不明白為何如此「公式化」地禱告，就能支取莫大的福分！這疑問，直至一次的靈修，神就為我解開了。

那次靈修的經文是馬太福音二十章29至34節。經文記載是這樣的：兩個盲人哀求耶穌可憐他們，耶穌便問他們要求甚麼。當時我覺得耶穌有點「明知故問」，因為祂是神嘛，必然會知道二人的所思所求吧！後來，靈光一閃，我開始體悟到，耶穌要問，原來是要讓盲人說出他們的「信心」，而且耶穌也可藉此與他們溝通，建立關係。假如耶穌二話不說，無聲無息便把盲人醫好，相信盲人的經歷不會如此深刻，結局更不會是「跟從耶穌」了。[1]

從這次的靈修中，我發覺神要我們禱告，不是因為祂不知道人的需要，也不一定要祈求才給我們成就；而是祂要人表達倚靠神的信心，並藉此與人建立更深層的關係。[2]神一直看重與人的溝通和關係，如果人不禱告，便很難經歷神，對神的認識也是二手的；只有我們把自己的需要，坦誠向神道出，人才會得著蒙神應允的喜悅，也對神的慈愛和行事方式有深刻的領受。這正如張慕皚牧師在《雅比斯的禱告》的導讀中所言：「禱告並非點石成金的一枝『魔術棒』，成全我們個人的願望；禱告乃是迎合神的心意，更是一種愛的溝通。」(事實上，林以諾也不認為雅比斯的禱文是magic words) 我相信，雅比斯祈禱蒙神應允，主要是他表達了真誠的信心，以及他看重與神的關係，關鍵可能不在於那四句禱文。因為耶穌也曾批評法利賽人的禱告冗長而虛偽，可見神是否悅納禱告，並不看祈禱者的儀文，而是看其心靈——看那人是否以心靈和誠實來拜祂。

註釋

1. 以上對經文的解釋，只是個人領受，不代表經文原意。
2. 格魯登（Wayne Grudem）也表述過相似的觀點，詳參格魯登著，林莉如、麥陳惠惠譯：《聖經教義與實踐》卷一，〈上帝與聖經〉（香港：學生福音團契，2001），頁264～265。

延伸閱讀

魏肯生著，陳維德譯：《雅比斯的禱告》（香港：福音證主協會，2001）。

格魯登著，林莉如、麥陳惠惠譯：《聖經教義與實踐》卷一〈上帝與聖經〉（香港：學生福音團契，2001)。

聖誕靜禱再遇耶穌

十二月的冬夜，不管是否教徒，總愛聽從街上飄來聖詩的歌聲。「平安夜，聖善夜，萬暗中，光華射……」在歌聲和掌聲的交織中，人世間一切對峙與紛爭，彷彿都消失於無形。

聖誕節，一個值得普天同慶的日子。除了吃喝玩樂，狂歡達旦外，其實也可趁假期安靜下來，作一次靈性探索，自我調整一番。參加子夜彌撒，或到山林海邊觀物靜思，都是不錯的選擇。說不定，就在心靈空間散步之時，你會與聖誕的主角——耶穌不期相遇，讓心之域內，溢流出平安的暖意。

文一：子夜彌撒中找回平安

平安的季節，你心裏感到平安嗎？

今年港府炮製了「冬日節」，在金紫荊廣場樹立了一棵許願樹，讓市民許願祈福。許願有甚麼作用呢？香港教區禮儀委員會的羅國輝神父笑言，這只是用來吸引遊客的，如要找到真正的平安，不妨參加一堂子夜彌撒。

聖誕寓意真光來臨

子夜彌撒，是天主教慶祝聖誕的重點項目之一。每年踏入十一月底，各地天主教堂便開始粉飾布置，設置馬槽和聖誕樹，迎接聖誕來臨。這些慶祝活動一直維持至一月初，為期長達六星期。

關於聖誕節的起源，羅國輝神父指出，這本是公元四世紀羅馬人慶祝太陽神節的日子，寓意在冬至後太陽重回大地；後來基督徒也參與慶祝，但「移風易俗，把它改為慶祝『真光（基督）進入世界』」，這便開始了聖誕節的傳統。

羅神父稱，慶祝聖誕的焦點，是要告訴人一個故事——「耶穌基督的降生，讓不可見的真理，成為可見的人身；讓不可見的美善，成為可見的人的生活；讓不可見的愛，成為可見的施予」——這便是聖誕的意義。所以，歷代教會在平安夜晚上，都會搭建馬槽，大大小小一起聚會祈禱，重述耶穌降生的故事，一直至深夜，後來便演變成子夜彌撒。

重述耶穌降生故事

現今的子夜彌撒，通常包括了唱歌、讀經、講故事、祈禱、領主餐和互相祝福等環節。不過，羅神父強調，在子夜彌撒舉行之前，教會其實已做了不少準備工夫。例如在他的堂區，他會勸勉年輕人立志做好事，然後把事件寫在紙上，摺成蠟燭，放在祭台前面，幫助人認識耶穌；另外又摺了許多星星，寄寓祝福，掛在教堂內，代表星光引路，把人帶至耶穌面前，讓他們更懂得愛人。這一切準備工夫的目的，就是要信徒準備清潔的心，迎接耶穌來臨。

領聖餐與上主契合

至於子夜彌撒當晚的重點，仍在於透過讀經、演話劇、講道等，重述耶穌降生的故事；而整個彌撒的高峯，則在領主餐的一刻：

「彌撒中，雖然會講許多故事，但同樣強調要『靜』，感受神對自己説甚麼，要把所聽的信息變成一句説話，在心中不斷重複……如此，透過聽故事、祈禱、領主餐，便可感受到主與你同在；而主餐就是一種神應許拯救的保證，讓你再次體驗到耶穌降世，為我們死而復活，與我們一起分享生命、盟約、共融。」

羅神父認為領主餐凸顯了人與神契合的經驗，可體味到人與神／人與人相遇的景況：在神裏面——神愛世人；在人裏面——人人成了主的肢體，與弟兄一起共融。他強調，這種經驗十分重要(尤其對心中有愛的人)，因為「可體驗到無論在恐懼、逆境中，復活的主都與我們同在，就如孩子恐懼時得到母親摟抱便開心一樣；而當我們有了愛的保證，便得著愛人動力的泉源。」

找回自己重拾童真

對於教徒，參加子夜彌撒，當然有重要的意義，但對於非信徒來說，又有何得著呢？

羅神父說，現今的聖誕節其實都被商品化、「無聊化」了。聖誕節講的是「關心」，在逆境中給人生多一份鼓勵和支持，這就是「不可見的光明，成為可見的光明」的意義。「不信主的人參加彌撒，其實可以找回自己，找回童真和做人的理想，以及一份在現實紛擾中仍保持平靜的真正平安。」

文二：獨處靜思　與神相遇

平安夜開派對，湧到街上尋樂狂歡，是許多香港人慶祝聖誕的方式。但由於聖誕臨近年終，不少人也喜歡躲在家中，或找一處清幽的地方，靜靜地檢討一下，規劃未來。

道風山基督教叢林靈修導師譚沛泉博士建議，想靜思的人，可到沙灘、天主教修院，或參加崇拜，安靜一下。如果心裏很焦慮、怕靜，就最好到教會找人傾吐心事。他鼓勵每個人（包括非基督徒）都可向神祈禱，把心底的失望、煩惱投放在神身上。

「如果想靜靜反思，可嘗試向大自然盡情傾訴心事，天地之主會聆聽的。當你把心事說出來後，便可得到一種紓緩和寄託，覺得有位神承托著自己的生命。耶穌又名『以馬內利』，即神與人同在的意思。祂降世，代表神願意進入人間，分享人肉身的生命。神不是遠在天上，不理人間疾苦，祂會明白人的焦慮和種種遭遇，因此人活在世上是有盼望的，不妨放開心懷去傾訴、依賴、信靠，這也是聖誕帶給人們的好消息。」

譚沛泉過去有段時期，也曾深刻地經歷過與神同在。那時候，他已當上傳道兩、三年，卻常回憶起童年貧困時不快樂的往事，心裏常存一份自咎感，甚至陷於自我身分的迷失。這種混亂的心境維持了一年多，期間他不斷尋求輔導，安靜祈禱。每逢聽到有關耶穌是愛和關懷的詩歌時，便會流下淚來，明白「神抱著自己，與孤單的我在一起，感到神很近，很了解自己。」

譚沛泉說，與神相遇是始於信主的一刻，但那次經驗在情感上卻是最深的。與神相遇看似很神祕，其實它是指人有一種意識、一種心靈觸角，知道在生命歷程中的每一步，神都與自己同行，分享苦與樂，令人在艱難時期也可得著盼望和力量。

「那次與神相遇的經驗給我的幫助很大，它除了使我確信神是愛我、明白我，體恤我生活中所面對的一切，還治療我在童年時因缺乏愛而引致的品格偏差，使我懂得接納和欣賞自己，也令我懂得與人相處；再者，在面對人生的前路時，更多了勇氣和敢於冒險，深信即使有困難，神也會與我一起。」

作為一個靈修導師，譚沛泉建議情緒上波動的人，如果想進行靜思，可依循以下步驟，探索自己的內心世界：

首先，嘗試了解自己的情感，給它一個名字，例如是擔心、苦毒，或者失望。

其次，要問自己為何有那種情緒，它來自甚麼期望，例如是想出人頭地，世界公平，人人待我好等。

跟著，想想是否要修正這些期望；如要的話，應怎樣修正。例如，倘若覺得遇到不公平對待，便須問：對世上公平的期望是怎樣來的？是否不切實際呢？⋯⋯如此，只要平心靜氣，平衡地看世界、看自己和別人，便可放下心中一些執著。

最後，如果是基督徒的話，便要將自己的遭遇交給神，祈求力量接受不公平但不能避免的際遇。這樣便可脫離自怨自艾的境地，重返快樂之途。

原載於《明報．星期日副刊．心靈空間》，(2002年12月22日)，獲《明報》允准轉載。

訪後游想：

基督徒該怎樣「歡度」聖誕？

每逢聖誕，我們都聽見牧師說：現在的聖誕節已被商品化、世俗化了。無可置疑，這是不爭的事實。然而，基督徒在聖誕的日子，又應該做甚麼才好呢？

初信的時候，過聖誕會感到很興奮，因為覺得很特別，很有意義，參加崇拜啦、做福音話劇啦、報佳音啦、派傳單啦……這些都與未信時只參加party，或看燈飾、湊熱鬧截然不同。不過，待至年紀漸長，參加教會的年日愈長，興奮之情也漸漸褪色，而且還開始有點迷惘！——可能自己已不滿足於只參與聚會，忙碌一晚便算是慶祝聖誕，而希望對聖誕的意義有更深刻的體會吧。

這一年，我收到一份聖誕禮物，是中國神學研究院送來的一片講道光碟。講題是「基督降生的變易神學與實踐」，講者是周永健博士。這片光碟真的有如及時雨，讓我再次反思聖誕對基督徒的意義。

周博士說，耶穌的降生其實蘊含「變」和「易」(替代) 的意思。「變」就是指耶穌要成就救恩，而須作出的轉變，這包括：(1) 道成肉身，由無限走進有限，並不走捷徑地經歷人生的不同階段；

(2) 由尊貴的神，變成卑微的人的樣式，增加了人性；(3) 從富足變成貧窮，帶來人屬靈上的富足；(4) 由無罪變成罪的形狀，擔當人的罪。至於「易」則是指耶穌在轉變之餘，更願意替代人的位置。

周博士強調，我們應該對耶穌的降生，存有一份「驚訝感」，並學效耶穌願意為神的事工而改變，例如變得謙卑和活出救贖的人性；勇於接受新事物、新的任務；願意付出和向貧窮人多加施予；願意在團隊中分擔別人的軟弱和錯失等。

同時，也要學效耶穌，願意在人際衝突中與人易地而處，多從對方的立場考慮。

周博士的信息給我最大的啟發，是注意到耶穌為降生所作的轉變，當中所作的犧牲著實不少呢！以前，我一想到聖誕，便覺得是普天同慶，要將這大喜信息廣傳，反而很少注意到耶穌「道成肉身」時所作的犧牲，也欠缺對神的感恩。周博士之言，深化了我對聖誕意義的理解，令我知道聖誕節除了是一個喜慶的日子，更應該是反省的時刻，要反思自己離耶穌的榜樣有多遠，以免自己完全淹沒在歡慶的節拍與活動之中。

延伸閱讀

周永健主講：《基督降生的變易神學與實踐》光碟（香港：中國神學研究院，2004）。

命運解謎

希臘悲劇強調命運弄人；孔子嗟歎「不知命，無以為君子」。古往今來，命運之手就像牽引著人間的禍福。尤其在生活艱難的日子，或每逢歲暮年初，流年運程、占卜算命之說都大行其道；普羅大眾更有爭上頭箸香者，祈求改運轉勢。在冥冥之中，是否真有一股力量操控著人生呢？宗教的慧見，或許可提供解謎的線索。

命運之說，及其牽涉的問題，在西方社會時有討論。而作為西方文化支柱之一的基督教，也堅信世界是由神創造，並由祂掌管歷史的進程。命運背後隱藏的力量，與神的旨意與安排，是否有著一種微妙的關係呢？

客觀限制不等於命運

中國神學研究院副教授楊慶球博士斷然否認這種關係：「基督教不講命運，也不覺得宇宙中有力量可決定人的道路；只相信有神，只講人生的方向，就是要把上帝的心意成就。」

不過，楊博士也承認人生於世，的確有客觀條件的限制，例如人的出身。可是，這些限制並非我們常說的「命運」。

相信命運變消極

「命運是指先天決定的『命』，就像佛教所說的因果業力。民間流行的掌相、批命，某程度上反映了一點統計學，但同時反映了人們相信宇宙中有一種因素或力量去決定人的命運。這力量是否一種先存的理(order)？這種理又是甚麼？是指自然律嗎？……無論怎樣，一旦相信命運，人便失去向上及成德的機會，而只變得順命，或使用一些方法希圖趨吉避凶，這是很消極的。事實上，人很有創意，有能力勝過困難；加上，成敗也不是按社會地位和財富多少來決定，而是按照能否達成心中的理想來衡量。對基督徒來說，一生的成就，是以能否達成上帝的旨意來衡量；能夠達成，便會覺得心滿意足。」

人的道路由人自決

至於在人生道路上，人神的互動關係，楊博士覺得是很清晰的。「人的出生地雖是命定，但人在這空間上卻享有很大的自由去發揮他的潛質，決定自己要走的路，因此人須向上帝負責，而這樣審判才有意義。」

他指出基督教這種觀點，與猶太教顯然有別。猶太教徒相信吃甚麼，出門向左走或向右走，也是神所命定的，這是極端的「命定論」。至於基督教則只談「大方向」，就是人要按神的心意，協助重整墮落世界的秩序，使世界變得美好。在這「大方向」下，人或會犯些小錯誤，但都可以更正，因此人其實沒有一成不變的命運。

楊博士引用韋伯 (Max Weber) 的話總結說：「基督教是一個『解魅的宗教』，通體透明，無神祕性，更沒有任何『奧祕』的事可讓人走捷徑，求好處。縱然神預知每個人的未來，但祂不會告訴人，人也不需要知道，因為能在祂的心意下生活，就已是最好的命運了。」

原載於《明報．星期日副刊．心靈》，(2003年2月9日)，原題為〈命運在我手〉，獲《明報》允准轉載。

訪後游想：

人得救不得救，是一種命運嗎？

信主較久的基督徒，相信一看這題目，便知我要說的是預定論了。

我最初接觸這問題，是在聽溫偉耀的一課錄音講道——《人神之際》的時候。我還記得，那時候他的說話真嚇了我一跳。他說，很多人都不能接受神預定了某些人得救，某些人不得救的見解；而更多弟兄姊妹會相信神給了人救恩，但人必須憑信心或自由意志接受這份禮物，救恩才能成就——這是亞米紐斯(Arminius)的觀點，但也是一種異端！

我的天呀！我當時真箇晴天霹靂，因為我的想法，正與亞米紐斯一樣……

過了許多年後，當我訪問楊慶球牧師時，驀地又想起了預定論，同時在訪問之後，也向楊牧師請教了以上的問題。

楊牧師解釋，預定論主要是凸顯上帝的恩典，說明人得救不是依靠自己的努力。所以，當我們提及預定論，是在恩典的文脈(context)下說的，是針對天主教的功德而言。楊牧師坦承，誰人得救，誰人不得救，上帝一定知道；然而，所謂「預定」，卻可以從兩方面來看：從跨越時間的角度來看，是「定」了；但從過程中的某時刻 (moment) 來看，卻不是「定」了的。因為「神的確預知各樣的事情，卻不會預定各人得救與否。說預定，只是從結果來看，好像是『定』了一樣，但其實並不影響人在過程中的努力。」

預定論確是一個弔詭的課題，當中看似充滿矛盾，卻是一個悖論 (paradox)。楊慶球牧師在他的《會遇系統神學》中，對此有更清楚的解說：「整個救恩是上帝的作為……上帝的恩典臨到人，它並不消除人的自由意志，但由於人的自由意志不健全，所以必須靠上帝的恩典幫助……自由意志便被恢復了能力，就會自然被耶穌為我受死所感動……才會選擇救恩。」

楊牧師的解釋，的確釋除了小記心底的疑惑。事實上，從多年的信仰經歷，我也覺得人神之間的互動，並不能以機械的決定論來看。無可否認，上帝必然擁有主權和全能，可決定每個人的人生；但上帝也會自限，讓人享有空間作自由選擇，決定自己的未來。而且，當上帝做決定時，是超越時空的；但當我們說祂預定甚麼時，卻運用了時空的概念，這就凸顯了我們在認知上的限制。我十分認同許立中在《信仰答客問》中所說：討論「預定」最大的問題，在於我們沒有合適的理性工具去處理涉及超時空的概念；如果只是斷章取義的字面解碼，「預定」也就變成一種帶著宗教色彩的「宿命」了。

延伸閱讀

溫偉耀主講：《人神之際》錄音帶（香港：中國神學研究院延伸部，1988）。

楊慶球著：《會遇系統神學——真理與信仰體驗的整理》（香港：中國神學研究院，2001）。

許立中、梁家麟、吳思源著：《信仰答客問》（香港：基道出版社，1995）。

仇恨之火何時了

翻開人類的歷史，就像翻開染了仇恨汁液的畫卷，烏暗、復仇的硝煙隨處可見，光潔、太平的地方少之又少。

「9・11」——這個曾令人傷痛、震驚的日子又將來臨。回望那天，沙塵蔽天的景象，依然歷歷在目；飛機撞廈的驚心場面，在你在我的心底，都留下難以磨滅的痕迹。

仇恨，這丁點兒心間的怒火，卻能焚燬大地，令生靈塗炭。究竟怎樣才可令仇恨化解？平息干戈呢？

以色列復國，對基督教信仰有微妙的意義；但復國後以色列的行為，卻未必為基督徒所認同。一向關注以巴關係的中國神學研究院副院長余達心教授認為：以巴今天結下如此深厚的仇怨，「以色列須付上相當的責任」。

「大以色列」夢想加深仇恨

他解釋，一九四八年以色列立國，巴勒斯坦被一分為二，當時聯合國沒有詢問巴勒斯坦人的意見，所以巴人滿有怨憤是很自然的。而且，以色列立國後，並沒有盡力平息巴人的仇恨；相反，更為捍衛自己的利益而不惜欺壓巴人，進而企圖回復聖經時代「大以色列」的版圖，令以巴關係更趨惡化。

余教授補充說：「一九六七年『六日戰爭』後，以色列攻佔了約旦河西岸及戈蘭高地等。此時，其實出現了一個和好的契機，讓以色列可以在強勢中向巴人示好。可惜，他們沒有好好把握，反而發展出一種『用敵人土地作防衛緩衝』(strategic depth of defense) 的觀念，據守攻佔之地，並企圖實現『大以色列』的夢想；也因此製造了一批巴勒斯坦難民，使他們失去國民身分，兩族嫌隙由此加深。所以，要以巴問題得到解決，以色列必須放棄『大以色列』的想法，撤離佔領區，讓巴人在自己的土地上享有公民身分，不再受壓迫，和解才有希望。」

讓愛與謙讓化解

以巴之間的恩恩怨怨，牽涉了許多複雜的政治因素，何時才得到和解，誰也不能估計。但假若仇恨的種子落在個人身上，那又該如何處理呢？

余教授認為，在基督教看來，人應該像耶穌所說那樣：「愛你的仇敵」，用恩慈和愛心對待敵人。而走出仇恨的第一步，就是尋求和解，並要保持謙讓的心。

「聖經非常強調『謙讓』(*Epieikia*) 的生命情操。『謙讓』內蘊著這樣的意思：在法庭訴訟時，勝方為解除積怨，主動退讓一步，放棄本身權利，這正如神（耶穌）甘願犧牲，化解人神之間的冤仇一樣。而尋求和解，向得罪你的人表現謙讓，正是基督徒一種重要的生命表達。」

以道德方法對抗不公義

用愛化解仇恨，為敵人祝福祈禱，是耶穌對基督徒明確的要求。然而，余教授認為當不公義的逼迫來到時，基督徒卻不應「啞忍不言」；相反，應該把不公義的事宣告出來，並要用一切合乎道德的方法，如抗議、訴諸法律等，盡力解決不公義的事。不過，他強調，「在這一切行動中，基督徒必須與人保持和睦，絕不容使用暴力，也不可侵犯壓迫者人格的完整性（violation of personhood），例如做一些令對方感到受侮辱，名譽或尊嚴受損的事。」

至於人又如何平息內心不忿的情緒，余教授舉了聖經登山寶訓中的經文來解釋：「耶穌曾說：『你們饒恕人的過犯，你們的天父也必饒恕你們的過犯……』（太六14～15）意思是人要常存一種不配的感覺，要懂得感恩，如此便容易寬恕別人了。因為如果你常覺得自己不配，當別人得罪你時，就會知道損失其實不屬於自己的，這樣便不會太執著。在這一點上，基督教與佛教是相通的，所以基督徒也應該『破我執』，這也是一種生命的操練。」

原載於《明報．星期日生活．心靈空間》，(2002年9月15日)，獲《明報》允准轉載。

訪後游想：

愛仇敵，是不近人情的要求嗎？

在基督教眾多道德訓令中，「愛仇敵」無疑是十分難行的一條。記得初信的時候，每當看到耶穌這個要求，便有點不以為然，覺得是天方夜譚，只有頭戴神聖光環的天使或聖人才可做到。

如是者，多年以來，我也沒有好好深思耶穌這個教訓，以致自己在仇恨這事上，也受折騰了好些日子。直至數年前，EQ之學興起，我才體會到原來神的許多誡命，除具有崇高的道德涵義外，也是為了我們的好處而訂立的，「愛仇敵」就是其中一條。

現在許多心理學家都認同，一個人如果處理情緒不當，身心健康會大受傷害。鄺炳釗博士在《從聖經看如何處理傷害和迫害》一書中，便引述了外國一些研究，其中指出人若經常想著報復，會產生長期胃痛、心臟病，甚至癌症等問題。

能既往不咎，寬恕曾傷害自己的人，的確是崇高的道德境界。不過，要記著：這不是一條不合情理的道德訓令，而更是一種對人對己都有莫大裨益的做法。余達心牧師提出的謙讓與感恩，是很正確地實行寬恕和愛仇敵的方法。但如果自覺「境界」不高，仍未能「破我執」的話，那不妨參考余德淳博士在《EQ合夥人》中提出的另一個做法：每當怒氣填膺時，便要記著「發怒危害健康」；這樣你為了自己的健康，便不會發怒，更不會惱恨別人了。

我覺得，這個想著「發怒危害健康」的做法很好，雖然層次較低，但勝在有效，尤其適合我這種靈性不高的人。

延伸閱讀

鄺炳釗著：《從聖經看如何處理傷害和迫害》（香港：天道書樓，2001）。

余德淳著：《EQ合夥人——Work Well in EQ》（香港：Charles Yu Training Company，1997）。

題三
生活足迹

看戲啟迪人生

戲如人生，一點也不錯。電影取材自生活，但在現實之上，它又多了一點提煉和反省，令電影與人生煞似一對兩生花，在似與不似之間，流露著微妙的吸引力。

這年代，看電影已成為普遍的娛樂。我們乘著光影的翅膀，踏上玩味人生喜怒哀樂之旅，或許在尋找娛樂之餘，還會獲得一番啟悟，滋潤沉悶心靈。

香港人看電影，往往喜歡追情節，看故事，緊張結果如何；又或全程緊盯心儀偶像的面孔，一刻不容錯過。至於電影裏的弦外之音，往往隨笑聲、掌聲、尖叫聲的消散，遺落在腦海的迷失空間，芳蹤杳然。

本身是電影發燒友的浸信會神學院副教授鄧紹光博士認為，電影與人生其實可互相解釋：如果觀眾閱歷豐富，就更了解電影裏要表達的意涵；同樣，經常看電影，也可豐富人生經驗，開拓心靈視界。

擴闊視野與胸襟

去年，基道出版社曾舉辦一系列的專題講座，鄧博士為基道出版社擔任其中一個聚會的講員，並以討論香港電影為題。在他眼中，電影、音樂，以至城市文化，都是一種文本，都是一種閱讀。而舉辦講座的目的，就是想推動多樣化的閱讀風氣。「我覺得看電影對牧者很重要，因為每個人的經歷不多，而且多是平凡，不會經常大起大落；而電影就可讓觀眾『聚焦式』地體會平時不曾經歷的事情，擴闊人的視野和胸襟。」

在電影世界裏，鄧博士覺得生活的經驗會變得精微 (subtle)，而且很少有道德判斷，又會包容另類解釋。所以，多看電影，人也會變得寬容和體諒。「比如婚外情，許多人一聽見就很快下判斷，但好的電影會帶你進入人的內心世界，看看其欲求，箇中反覆的糾纏與掙扎，對人性有很真實的呈現。」

從多角度看電影

鄧博士修讀哲學、神學出身，所以看戲時也不期然會把哲學的觀點「讀進去」。不過，他建議觀眾不宜被某種方法束縛著，否則會錯失電影裏蘊含的多層意義。「導演拍戲時，其實不會被某種方法框住，他只會用喜歡的電影手法，把自己的感受，對事物的看法，及對人生的詮釋表達出來。因此，看電影應從多角度去了解文本，要細心和敏感會忽略的環節，並要留意拍攝手法，故事的互動 (interaction) 和怎樣剪接，看看它們對整部電

影賦予了甚麼意義。」

此外，他又強調欣賞電影時，要有悠閒的心情和開放的思想，因為一部好電影，就是要挑戰觀眾的世界觀，「帶你去反省世界是否真如你構想的一樣，對事物的看法是否還有許多種……這樣看戲，便可豐富自己的生命，深化人生經歷。」

愛看王家衛作品

鄧紹光説自己「有意識」地看戲，已有十年歷史。多年來，進出於光影裏，最喜歡的是王家衛的作品。

「他的電影故事性不強，但講及的都是人的事，當中可呈現人的某些面相，而且相當深入、細緻。例如《花樣年華》就是描述中產中年人那種『拖泥帶水』，對異性『欲拒還迎』的特性。他們有家庭，有事業，但生活又感到沉悶，想找尋新的方向，然而又不想放棄舊有的基礎。這齣戲，正反映了他們在想與不想之間的掙扎。」

回想這種中年人心態，鄧紹光覺得十分普遍，在他朋友之中，就有不少出現這種情況。「這齣戲加深了對自己的了解，可能你未必有這樣的處境，但會有這樣的感覺，電影就可以幫你分別這種感情，更可能提醒你在生活上的某些取態。」

真箇戲如人生。六十年代的感情糾結，也可能活現於二十一世紀的今天。電影的如幻似真，總對現實人生存著某種隱喻與折射，只看你能否把握和領略罷了。

附篇：鼓舞人生的勵志電影

遇上天災橫逆時，不少人都會拿相關的書籍或電影來看。但鄧博士認為這時候不太適宜看災難片（《海神號遇險記》除外），因為未必每齣災難片都含勵志意味。以下是他認為值得重看的兩齣電影。

(1)《新難兄難弟》

這電影將粵語長片的精神重現，表現了在艱難年代，左鄰右里互相幫助的豐厚人情。鄧博士指出，過去十年，香港社會已失落這種精神，此時重看，可產生鼓舞、勵志的作用，讓人在人際關係中找到歸屬感，縱使面對艱難，也有活下去的動力。

(2)《一個都不能少》

片中展示出在生活困境中，甚至是出現不能控制的危機時，人都是最重要的。這套電影重申社會資源分配的準則，提醒我們在發生災難時切勿吝嗇資源，務必搶救人命。

原載於《明報．星期日副刊．心靈》，(2003年4月27日)，獲《明報》允准轉載。

訪後游想：
我們可用甚麼方法看電影？

小記也喜歡看電影（但不是「戲癡」），所以對於「怎樣欣賞電影」這課題，一直都想有多點了解。這次有幸訪問鄧紹光博士，當然抓緊機會討教了。其實，在以上的訪問稿中，鄧博士已提及這問題，只是當時刊登篇幅不足，簡略交代罷了。

現在我們讀影評，常看到影評人花許多篇幅，解說電影中蘊含的社會文化現象。他們愈說愈深入，讀者有時則愈看愈糊塗，就像忽然走進社會學、心理學、哲學的教科書裏，舉目所見，都是些艱深的學術名詞，只能驚歎那影評人學養豐富，竟能從一齣電影中讀出如此深層的意義。據說，這就是現在很流行的看戲方法——從文化研究 (cultural studies) 的角度閱讀電影。

鄧博士說，現在也很流行從文脈 (contextual) 的角度去看電影（文化研究的一種），例如把電影放在香港的處境下閱讀。他笑言這其實是不難的，因為毋須細緻深入地分析文本。舉例說，以前有人把徐克的《黃飛鴻》系列解作「97情意結」的呈現，也有人把《英雄》配合「23條」來講。鄧博士認為這樣解讀並無不可，但須留意文本是否支持文脈所賦予的意義；然而他也提醒我們，過於強調這種解讀，也可能否定了電影的其他意義。

鄧博士看電影，很著重文本分析和電影的整體表達；並認為電影通常具有多層意義，但多數人會把意義單一化，即使是影評人也如是。他建議我們如遇上喜愛的電影，不妨多看幾次，因第一次通常只看「故事」，多看幾次後，便能掌握戲中的多重含義。鄧博士續說，研究文本的意義可有兩種方法：傳統的是結構主義，即以二元閱讀的方式，找出電影中的二元結構，如男／女、精神／情欲、生／死、情／恨等，這些都是永恆的主題；較前衛的則有後現代「解構」，即顛覆二元結構層級，顛覆父權世界及主題論述。他解釋，《天下無雙》便可作後現代式的解讀：它表現了同一件事有不同的表述，推翻歷史論述只有一種的觀念；它更可能解構了整個愛情的論述，認為談戀愛是男是女、有權無權也不重要，最重要的是真心相愛。

關於看電影的方法還有不少，范卓揮、翁偉微及駱穎佳都曾撰文介紹，小記閱後也獲益良多。其中，翁偉微提及傳統基督教對電影的看法，發人深省；不過，我對駱穎佳所說的一句話，卻最有共鳴：「當文化研究日益強調以意識形態的角度談電影時，電影美學的重要性有日漸被忽略之勢，現代人因而變得只懂批判電影而不懂欣賞電影。是以，我認為重新肯定電影作為一種技藝，對提升電影欣賞的層次仍是非常重要。」

註釋

1. 駱穎佳著：〈看電影看得出神的四個法門〉，《基道閱讀》總第七期（1999年1～3月號），頁28～29。

延伸閱讀

翁偉微、黎肖嫻著：《媒介國民——普及文化的閱讀與回應》（香港：卓越書樓，1993）。

范卓揮著：〈附錄：我們可以怎樣看電影〉，收陳孟賢著：《戲語人生》（香港：卓越書樓，1996）。

駱穎佳著：〈看電影看得出神的四個法門〉，《基道閱讀》總第七期（香港：基道出版社，1999）。

快樂從工作開始

世界有一樣東西，人人都渴望得到：它不是錢，是快樂。因此，你會發覺：有人上班便想下班，失戀便想再戀，因為他們都視這些為「快樂的泉源」。

不過，出乎意料！擔任企管顧問十多年的葉松茂博士告訴我們：快樂的高峯經驗，原來不在這，不在那，就在……可能帶來沉重壓力的「工作」裏面。

人生總有點弔詭：最危險的地方，就是最安全的地方……福兮禍所倚……放下便得著……危中有機——而令人勞累的工作，竟然是快樂的泉源……

升降機升至第三層

「休息、工作、再工作」，單調的生活模式，已足叫人沉悶。現今「7-11」的工時、強調不斷增值的訴求，更令職場成了「壓力煲」——快樂從工作開始？這話當如何理解……

升降機的大門打開，迎面是一層剛裝修好的簇新辦公室。空氣中，滲透著一種事業發軔的朝氣，和記者帶進的狐疑。

苦思快樂祕訣

「葉博士，最近你經常主持有關工作的講座，並強調快樂從工作開始。為甚麼有這樣的體會？」

「我演講的內容，通常是有關卓越的工作，但很多時候，受眾聽後往往表示『有心無力』。他們覺得在工作上欠缺動力，很不快樂。剛巧，去年我生意失敗，在家中寫書，發覺自己無論開心不開心，都會努力工作，於是便苦思有關『快樂』與『工作』的問題。後來，我發現(他們)不開心是因為對工作產生了誤解，以為快樂在工作以外，現在工時長了，就感到不快樂。所以，問題出於他們對工作的定義之上。」

葉博士的啟悟背後，原來另有一番生命曲折。數年前，葉松茂與友人創辦36.com，成為本港一家上市公司，除經營網站外，更出版雜誌，走進火紅的科網熱潮。但不旋踵，科網神話破滅，葉松茂也經歷事業上的重大挫折，最後連公司也得轉讓他人。就在這事業起跌的經緯上，葉松茂認清了工作的真正目的，以及它和快樂的關係。至於工作的定義應是甚麼？他沒有立即道破，只是進一步闡釋他的論據。

最開心的經驗

「芝加哥有位心理學教授花了二十多年訪問幾千人，要他們形容上一次最開心的經驗 (optimal experience) 。經研究後，他指出『開心』原來有兩種要素：一是要進行略帶挑戰性的活動；二是進行活動時集中精神，達致忘我。」

對於這位心理學家的言論，葉松茂深信不疑，並引用自己的經驗來印證。「以前事業成功時，自己也不覺很開心，原因就是不能『忘我』。那時候，每做一件事，都很緊張別人對自己的評價，放不低自我，所以感到不開心。我有許多商界朋友，也有這樣的體驗：愈成功，便愈緊張別人怎看自己，以致不能投入工作。」

心理學家的研究，確令葉松茂「開竅」了。他發覺，原來忙與不忙，其實並不影響人開不開心。除非這個人感到很大的生活壓力，如「無錢開飯」，則另當別論。至於很多人喜歡放假，享受從鬆弛中獲取快樂，葉博士認為，這種「快樂」也是建基於完成了某項工作或活動之上，是短暫的，只要看看退休人士的生活便可明白了。

如何達致忘我

忘我時是最快樂的，相信很多人都會認同。但放諸職場之內，如何面對上司的評價、責難而坦然「忘我」，才是問題的關鍵。這一趟，葉博士不賣關子了……

「O.K.，這關乎人生要有正面的目標，就是全情投入，服事別人。」葉松茂直截了當地說。「假如你持有這種態度，就不會緊張上司怎樣看你；相反，如果想法太負面，就會處處介懷別人對你的評價，這樣便不開心啊！」

葉松茂坦言，經營《茶杯》雜誌失敗，令他很不開心，他也曾為此哭過。不過，當他全情寫作《你也可以成為哈利波特》時，反倒重獲開心。他發覺，寫書可以有兩種態度：一種是自我表達，把自己的不快、嘮叨統統抒發出來，不過愈抒發就愈不開心；另一種是幫助讀者，引導他們獲取快樂，培養積極的人生態度。葉松茂自言，他寫《哈》書的時候，就是以第二種態度作為他的目標，寫作時儘量思索「哈利波特」如何可幫助青少年建立積極的人生觀，活在今天，而不活在明天的憂慮裏。由於有了這個清晰的目標，他寫作時「就覺得好像做了一件事幫助人」，所以愈寫愈暢快！

創造生命傳奇

將工作定義為「服事別人」，而不是追求金錢、社會地位及自我肯定，是葉松茂從工作中獲取快樂的祕訣。他坦言，以前他也不太清楚這種工作觀念，直至那次「苦思」之後，才有較清晰的輪廓。葉博士續笑言，雖然他知道這種工作觀，但實際上能否做到，有時也存有疑問，因為「自我」很容易會浮現出來。所以，要貫徹這種工作觀，他提出一個方法，就是尋找自己的人生傳奇 (personal legend) 。

「上帝希望每個人都是一個傳奇人物，就像《與生命有約》(*The 7 Habits of Highly Effective People*) 一書所言，試想像他日在自己的喪禮上，有人為你總結一生。他會說：『他的生命是一個傳奇，因為……』這是一種『以終為始』的思考方法。一生之中，如能找到一個方向，朝著去做，即使怎樣忙，壓力怎樣大，也會覺得開心。香港人覺得工作辛苦，其實就是不知道這樣辛苦，究竟是為了甚麼！所以，人感到最開心的，不是去找一份輕鬆的工作，而是能清楚知道自己的傳奇。」

找回「那團火」

生命是一個傳奇，可以為後世所閱讀，為子孫所稱許，可說是歷代歷世的人的共同願望。然而，令人困惑的是——我們又怎樣尋找或知道自己的生命傳奇呢？

「有一本西班牙小說叫《牧羊少年奇幻之旅》(*The Alchemist*) ，其中說到每個人年輕時都知道自己的傳奇。但長大後，由於受到各方的要求左右，便忘記了心中那團火。而尋找生命傳奇的方案，就是要找回『那團火』。」

「找回當初的傳奇後，便要朝這方向，了解顧客的需要。要親身接觸這羣人，例如當義工的，便要明白所服事的人的要求，否則便變成孤芳自賞⋯⋯最後一步，就要看自己的潛能如何去配合了。」

葉松茂的説話，令人不期然想起年前的一齣賣座電影(《少林足球》)——「那團火」隱藏在心靈哪個角落呢？你與我都可能不同，但葉松茂博士已找到他的「那團火」了。「我此刻有兩個大方向：一是教導；另一是做策略研究。所以，我目前除了不斷寫書、主持講座、到大學講課外，也開設了一間非牟利機構，希望為香港的長遠經濟發展定位，讓香港能成為珠三角的商業中心。」

能清楚自己的人生發展方向，憑愛與勇氣，締造光輝的傳奇；以不息的工作，飲啜不息的快樂——如果真能做到如此，相信，這應該是幸福的人生吧！

原載於《明報．星期日副刊．心靈空間》，(2002年12月1日)，獲《明報》允准轉載。

訪後游想：

我的人生傳奇是甚麼？

看過這篇訪問，不知你的感想如何。會認為葉博士的說話「曲高和寡」，難以實行嗎？但我想，工作既佔去每天許多時間，如果不能在其中獲取快樂，那真是個悲劇。

那一天訪問後，腦中縈繞的，是葉博士的片片警言：「要清楚自己的人生傳奇」、「怎麼知道？每個人年輕時都知道！」……

踏著臨海的街道，海風吹拂著恍似在漫尋自己過去歷史的腦袋。我細問：我的人生傳奇是甚麼呢？有一陣惘然，挾著一首老歌旋律，掀翻著我的少年記憶……

「朋友，記得那天……講起理想，大家苦笑共對，說起往年……」

忽然，在幽暗的記憶中，我憶起了已遺忘的少年志願——

事實上，許多人在少年時，都渴望知道神在我們身上的計劃，我也不例外。那時候，我還特意修讀了一個「如何明白神的旨意」的課程。得到的答案是：神的旨意已寫明在聖經裏；至於人生中的一些選擇，例如從事哪個行業、跟誰人談戀愛等，通常神都沒有特定的旨意，我們可憑聖經的基本原則和自己的理性去作出抉擇。

那位講師所說的原則，一直主導了我對這問題的想法，直至這次訪問葉博士，我開始有了新的啟悟：我在少年時(也是初信的時候)曾向神說過，我要在文字工作上事奉祂。可是，這些年來，雖然我在傳媒工作，但所思所寫的，都是一些世俗潮流的事情，吃喝玩樂，投資增值；說的總是一些廣告話語，少談神道福音。但想不到，就在我不得已要離開工作已久的傳媒機構後，只能當自由撰稿維持生計之時，神卻讓我採寫報紙這個心靈版，透過訪問宗教人士來事奉祂！並且，透過這次訪問，更讓我知道：原來在不知不覺間，祂已引導我走在祂的旨意之中，實踐已遺忘的少年志願。我不敢說這已是我的人生傳奇，但願這只是一個開始，是我擔負文字事奉的開始。我也希望神也會給你啟悟，擦亮你的眼睛，看見你的人生傳奇，看見神暗中對你默默的引導，正如祂引導許多歷代信徒實踐祂的旨意一樣。

延伸閱讀

葉松茂著：《顧客就是上帝！——開心寫意的工作觀》(香港：天道書樓，2002)。
保羅．科爾賀著，周惠玲譯：《牧羊少年奇幻之旅》(台北：時報文化，1997)。

破解執著完美的魔咒

追求完美是人的天性；但執著完美卻令人敬而遠之。

可惜，許多人都誤闖了執著完美的迷陣，整天如中魔咒，不斷攀求那懸於半空的完美境界，弄得身心俱疲，半生愁眉苦臉。

EQ訓練課程專家余德淳指出：「完美主義者或可享受到事業成功的自滿感，但須慎防付出沉重的代價。」

提到完美主義，很易令人想起苦心創作的藝術家。記得小時候聽老師說過王安石作詩的故事：他為了詩中「春風又到江南岸」的「到」字，竟由白天想到黑夜，一連改了十餘字才能定稿。當時，老師讚他做事嚴謹認真，值得學習。不知道是否就在那時開始，追求完美的種子，便悄悄播在小記心裏了。

今次採寫這個題目，感覺蠻怪怪的，就好像拿著放大鏡檢視自己的內心世界一樣。當小記遇上EQ專家余德淳的時候，劈頭便問：「完美主義者有甚麼特徵呢？是否就像藝術家那樣？」

但，答案是出乎意外的……

追尋「著魔」人

「不太像！」余德淳用他一貫不徐不疾的語調解釋：「藝術家

只算是局部的完美主義者，他可能對創意特別苛求，生活上卻很隨便。」

「一般來說，完美主義者有三個主要特徵：其一，他做事很仔細，說話很詳盡，詳盡得往往超過『基本要求』；其二，他十分挑剔，可謂很『小心眼』，對大小毛病都洞察秋毫，一看到缺點，心情便變得很沉重；其三是做事過分注重素質，效率較差，經常不能在限期前完成工作。……完美主義是一種強迫的行為，完美主義者對大小事情，不論重要不重要，都會力求完美。這種行為已算是一種病態！」

病態？追求完美竟是一種病態？專家的話，令小記聽後真有點晴天霹靂，萬想不到自己快要「生病」了！在心裏七上八落之際，便囁嚅地追問下去：「那完美主義者在工作、社交及家庭生活上有甚麼表現呢？」

完美主義者的三種臉譜

余德淳說，在工作方面，完美主義者會出現過勞、神經質、精神緊張，甚至胃痛及失眠等現象。他處事很緊張，而且令身邊的人也緊張起來，說話時會出現凸眼，咬緊牙關等現象。由於完美主義者經常過分擔憂，所以感到的壓力很大，很容易病倒。

余德淳過去也輔導過商界的完美主義者，「他是一位老闆，脾氣很大，經常責罵公司的職員，令工作夥伴誠惶誠恐，很怕做錯事，很怕得罪他。」

「那對公司是好還是不好呢？」

「短期來說是好的。因為公司裏沒有人敢躲懶，整體氣氛會趨向追求卓越。不過，長遠來說，職員會愈來愈緊張，效率反而下降，失誤也較多，甚至會漸漸失去鬥志，健康惡化，這樣公司便會流失一些優質的職員。」

「在社交方面，完美主義者又有甚麼特點？」

「他們可說是孤單的人。朋友很少找他傾訴心事，因為怕他過分緊張的反應，會令自己更加緊張。完美主義者會要求朋友對他很好，令人不敢對他許下承諾。不過，完美主義者對社交的需求也不太大，因為他們花了大部分時間在工作上，是名副其實的『工作狂』。也由於工作很忙，所以經常會臨時推辭朋友的約會，是一名『甩底王』。」

想不到，這訪問竟是一問一驚心！起初只想到完美主義者是一個不易快樂的人，但經過專家講解，始知道自己的未來是如此「幽暗」，實在有點兒不想再問下去。不過，守著記者的本分，惟有硬著頭皮，要求余德淳繼續揭開完美主義者的第三個臉譜。

「在家庭生活方面，完美主義者經常『小事化大』，例如在放假、處理家務或教導子女等事情上，一旦與伴侶意見不同，就很易發生衝突。他們在家中表現得很挑剔，常生埋怨，並會要求家人行事達到自己的標準。所以有時候他們對家人的關心，反令對方構成壓力。」

余德淳續說，他曾輔導過一些完美主義者的家庭。兩夫婦經常吵架，就好像常要尋找對方的錯誤似的，可說是一對「找錯失的父母」。對於用錢、穿衣、子女升學等問題，通常顯得過分認真，處事又欠缺人情味和寬大的心，所以時常鬥嘴，甚至把積怨埋在心裏多年⋯⋯

聽到這裏，小記直有一種獨立蒼茫的感覺。心想：完美主義者並非甚麼壞人，為何會沾上這種「惡習」？究竟執著完美的魔咒，又有沒有方法可以破解呢？

解「咒」妙方

余德淳指出，完美主義者不是天生的，他們這種處事態度，跟童年的成長有很大關係。而矯正的方法就是要引導他們平衡生活中各個方面，如事業成就、人際關係和身體健康等，跟他們數算執著完美要付上的沉重代價，例如可能因過勞要入住醫院，或因專注工作而失去許多朋友等，讓他有所警惕。

至於那些局部的完美主義者（如小記一樣），便要教他量度自己的限制，使他明白做事只要有進步便很好了，所謂「最好」根本是不可能達致的奢望。

此外，余德淳也建議完美主義者做每項工作前應訂立不同的指標，例如這次要像冒險家般體驗新項目的可行性，而不一定要獲取成功，又如這次只須考察問題的本質，而不一定要把問題解決等。這樣，完美主義者便可將目標範圍縮小，不會事事要求完美，如此破解「魔咒」便有指望了。

附篇：靈性補帖——盡力忠心便足夠

探討完美主義的課題，大多從心理學出發；但其實有不少基督徒，很多時也受完美主義困擾。因此，一些靈性指引，對改善執著完美的性格也甚有幫助。

九龍城浸信會主任牧師張慕皚稱，完美主義可從兩方面來看：在道德上，追求完美是應該的，並無不妥；但在工作上，則要按自己的才幹及所承受的責任來衡量，這就如耶穌所說的「償罰僕人的比喻」（太二十五14～30）一樣，只要做事盡力、忠心，即使效果不太好，神也會悅納，不必過分自責與要求。

另外，完美主義者也須提醒自己：人是有限制的，必須時常禱告，依靠神的能力；同時，也須學習神那種無條件的愛，去接納和體諒工作夥伴及家人。

原載於《明報．星期日副刊．心靈空間》，(2002年9月22日)，獲《明報》允准轉載。

訪後游想：

性格理論可改善完美主義的缺點嗎？

性格分類的理論有多種：心理學有A型和B型性格，希臘醫藥之父希波克拉底 (Hippocrates) 則把人分為四種氣質，近年也興起十六種性格研究……不過，開宗明義把完美主義視為一種性格的，便有「九型圖」(Enneagram) 理論。

「九型圖」(或稱「九型性格」) 近年在基督教圈子也頗流行，天主教曾有人把它運用於屬靈操練，鄺炳釗博士也撰寫了專書，詳論「九型性格」與自我認識和提升的關係。筆者對破解完美主義有一份深藏的情結，所以參閱了不少有關論著，結果發現：我應該不屬於「九型圖」的追求完美型 (即第一型)，因為除了追求完美這一點相似外，我的其他性格特質便與第一型迥然不同。後來，當我細看其他類型，便赫然發覺我的「真身」原來是浪漫獨特型 (即第四型)。第四型可說是藝術家型性格，與第一型注重紀律、秩序、原則的個性大相逕庭，不過兩者都有執著完美的傾向。或許，第四型就是余德淳在訪問中所說的「局部完美主義者」了。

依據九型圖理論，要改善第一型和第四型在性格上的缺點是有方法的。比如第一型可多向其相對性格——樂觀快樂型(即第七型)學習，仿效其樂觀豁達、輕鬆自在、凡事向好看、接納現實中有不完美等優點；至於第四型(很諷刺！)卻要向第一型學習，就是生活要有紀律、有節制，做事踏實，能管束自己的思想情緒等優點，因為第四型最大的弊病，是過分追求獨特，受情緒牽引和容易憂鬱，追求完美反而不是他們的致命傷！

作為一個「四號仔」，我覺得九型圖的分析相當中肯。這些年來，我也時刻以「追求完美，就是不完美！」來警惕自己，但收效不算大；惟獨當我能接納自己甘於平凡，不再要求自己獨特的時候，反倒能走出執著完美的陰影。如果你也受完美主義困擾，不妨也先了解自己屬於哪種性格類型，以便制定對應的解救方法吧！

延伸閱讀

余德淳著：《EQ工程學——256 Hints to EQ》(香港：Charles Yu Training Company，1997)。

鄺炳釗著：《從聖經看如何認識和提升自己》(香港：天道書樓，2000)。

沈淑文著：《揭開完美主義者的面紗》(香港：突破出版社，1998)。

張吳國儀、楊兆前著：《心靈寫真——認識自我篇》(香港：明風出版，2003)。

靜——少中發現多

「結廬在人境……心遠地自偏。」讀書時，常嚮往隱逸生活的意境；但居於香港，想追求這種生活，似乎是一個笑話。

「靜」對香港人來說，已成了陌生的詞彙。每天匆匆上班、匆匆追車、匆匆工作，想慢一點嗎？老闆會立即出現，說你疏懶，「炒魷」！下班了，想回家休息？不肯自我增值，欠競爭力，「炒魷」！

在經濟低迷的幾年，香港人都像拉緊了的彈簧，難得放鬆。詎料，兩個多月戴口罩的日子，卻為我們偷來了餘閒，少了外遊、少了應酬、少了匆促，又叫人忽然想到：甚麼才是正常的生活呢？

休息不是損失

「香港人很忙碌，總覺得休息就等於損失、不生產、浪費時間。究竟休息是否就是損失呢？聖經說得很幽默：當以色列亡國後，地就享受安息，而且一次過休息幾十年！用香港人的話來演繹，就是人平時沒空生病，身體透支，一次過要『補番數』。這次港人被迫停下來，從另一角度看，可能是一種幫助、一種祝福，只是不知道有多少人能有如此心情和慧眼，能體會到平時其實是『非正常』的生活而已。」樣貌清癯的中國神學研究院教授張修齊說道。

認識張教授，源於另一位神學院講師的介紹：「張教授上課時會帶一班學生到附近公園去，一個跟一個，靜默地慢行，大家都不說話，單注意自己的呼吸。一直行了二十分鐘，才回到課室繼續上課——哈！他真是很『禪』！」

記得打電話預約訪問時，張教授說話很慢，慢得令記者以為他要拒絕了。幸好，「慢」只是他的說話方式，也是他提倡的生活習慣。

靜修意義深遠

據張教授解釋，靜的意義其實有幾方面。首先，它是一種停頓，是和人的身體結構有關。按神的設計，人體都有一個生理時鐘，是生理周期的節奏，六天工作，一天休息，其實很符合人的基本需要。

其次，靜可讓人變得敏銳。人平時可能對許多事物都視而不見，聽而不聞。但安靜下來，就可聽到周遭的聲音，遠的、近的、以至內心世界的呼聲，和身體發出的信號。「平時我們忙碌時，很易變得麻木，與自己脫了節，聽不到自己某部分向我們傳達的信息，直至身體出現毛病才醒悟。所以，靜可以幫助我們與身體以至全人聯繫起來。」

對於信徒來說，張教授覺得靜修不僅能清理情緒的垃圾，更是重新得力的祕訣。「聖經說：『得力在乎平靜安穩。』基督徒在靜修過程中，也會讀聖經，回歸於神。如果沒有信仰，靜修便止於集中意識，或意守丹田。當然這樣也有好處，因過程中可令你更容易活在當下，或想通一些人生問題，例如做人那樣辛苦究竟為了甚麼？如此對人生也有一種啟悟。」

先學刪減放下

張教授坦言，自己本來也是一個很緊張，不能安靜的人。直至二十年前，他參加了一個由瑞士導師主持的靜修營，才體會到靜的重要，和學習靜修的必要。

他提醒開始學靜修時，千萬不要說增加靜，而要先學習刪減、放下，例如少讀幾頁書，少交談一會，少看一刻電視，以騰出安靜的時間。

「靜有一種特性，就是從『少』中發現『多』，要滿足於少，然後發現另有天地。比如讀書，不要以為這就是靜。如果你一路速讀，看很多頁，這不是靜修，因為你的腦袋會不斷浮現許多影像；而靜修式看書，是集中在一兩段很少的文字，不斷徘徊、默想、咀嚼，良久良久得著其中滋味，這樣，人才會安靜下來。」

集中做一件事

提到靜修的方法，張教授認為靜行、寫書法、用顏色自由繪畫，都可以助人入靜。而入靜之後，就可以進行反省(反省題目建議見附篇)，或閱讀聖經，或聆聽神的聲音。如果反省的時候，有所得著和感受，便要用文字、符號或圖像記錄下來，幫助自己看清楚和整理感受，日後可再溫習。

張教授強調：「靜不等於甚麼也不做，而是要集中、投入去做一件事，這樣就可忘卻其他事情，使煩亂的心安靜下來。相反，如果要甚麼也不做、不想，是非常困難的，因腦海中至少會不斷想著『我甚麼也不想』這句説話。」

靜修，乍看起來好像很簡單，但要享受寧謐，殊不容易。

或許正如張教授所言，靜已是城市人難以學習的一門藝術，要真正領略它，起步時最好要有導師，還要願意花時間操練才行。此時此刻，你願意重尋這門藝術嗎？

附篇：反省題目建議

張修齊教授強調，入靜後並非無所事事，最好是找一個題目作自我反思。以下是他提供的一個例子，讀者可參考其形式，列出自己想探索的問題。

例：食

1. 提到食，你會想起甚麼？
2. 你有哪些關於食的難忘經驗？
3. 你對食有甚麼傾向、喜好、習慣？
4. 對下列項目，你有甚麼感受、意見或經歷？
   零食／大食／快餐／自助餐／健康食品／節食／禁食
5. 食會否反映你的個性？
6. 你的心靈或情緒會怎樣影響你的食量、食欲？
7. 你回憶中有哪些飢餓的經驗？
8. 食與人際關係、羣體生活有甚麼關連？
9. 你有沒有想過食與我們的信仰有甚麼關係？
10. 除上列問題外，你還想到甚麼關於食的話題？

原載於《明報．星期日副刊．心靈》，（2003年6月1日），獲《明報》允准轉載。

訪後游想：

基督徒可以練太極和氣功嗎？

這是不少基督徒感到困惑的問題。打太極和練氣功，都是中國傳統的養生方法；然而，由於曾有因練氣功而招邪靈侵擾的報道，便令基督徒對此充滿疑惑，甚至望之卻步，小記也是其中之一。

我是一個喜愛中國文化的人，也甚愛閱讀武俠小說，所以對於打太極拳，心裏有一份不切實際的憧憬(因自小身體孱弱，希望能像張無忌一樣，懂打拳以強身和自衛)。事實上，我的確曾修習太極和氣功。不過，後來因打太極扭傷膝頭，又在練氣功時，感覺有點不對勁，很快便放棄了。

究竟練氣功和打太極會否接觸靈界，引致危險呢？建道神學院教授李耀全博士指出，只要練習時能將背後的宗教成分挪開，那就沒有問題，但問題在於：是否那麼容易將「方法」和「理念」截然分割呢？

李博士的見解甚有見地。小記數年前再跟另一位武館師傅，修習楊式太極。師傅說，太極本來就是一種氣功，而氣功可分為動功和靜功。所謂動功，是指單學招式動作的功法；靜功則指周天功、丹田吐納之術。師傅説，太極拳多是動功，十分安全；靜功由於要打坐、入靜，就較易走火入魔了。

小記也頗信服師傅之言。打太極，即使單學招式，不習背後的道家理念，也是一種不錯的運動。而且，據師傅説，練太極即使不配合吐納呼吸，也可帶動體內的「氣」運行，收強身之效；而練靜功就很難將背後的理念拋開了。

小記以前練周天功時，便要操練入靜，摒除雜念，以「意」導「氣」，即專注想著體內之「氣」在全身循環運行。我覺得，這個「活動」很難做到一心二用：一面以意導氣，另一面則禱告默想神！所以，我很認同李耀全博士所説：「……一面練功，一面向神禱告，這是不可能的事，因為向神祈禱就要專心祈求，不能把內心倒空，兩者是背道而馳的。」

訪問張修齊教授的時候，我也提及入靜的問題。張教授表示，假如只騰空自己，而無默想的對象，被邪靈入侵是有可能的。所以，他強調入靜不是「救星」，關鍵是靜下來後做甚麼，對基督徒來説，就是回歸神，聽神的説話，這便沒有危險了。他更提醒一些較悲觀的人：「不靜好過靜」，遇到問題時最好找人傾訴，以分散注意力，免致因一時想不通而發生意外。

入靜，可算是一把雙刃劍，如何有效利用，甚考功夫。吳宗文牧師對練氣功有相當詳盡的研究，而且立場中肯，態度開明，值得細讀。

延伸閱讀

張修齊著：《靜修之旅》（台北：校園書房，2000）。

李耀全著：《靈程歷奇——當我遇上難處時》（香港：天道書樓，2003）。

吳宗文著：〈氣功之解釋與批判〉，下載自新興宗教情報網站：http：//cults.gcc.org.hk/s02/s02a6.htm（2005/1/18）。

戰地採訪——摸索生命另一軌迹

在香港生活，每個人彷似只有一種生命軌迹：找份好工、賺多些錢、買樓、結婚、生子……生命意義的框框，就給這些填得滿滿了。

在異地——像阿富汗這飽經戰亂的國家，觸目的是藍天、沙塵、破落的家園、貧窮、笑顏……生命，是另一種軌迹。

走進華廈參天的香港商業區，碰到匆促走過的人羣。若果你問他：生活，若剔除高職厚薪和物質享受，還剩下甚麼呢？他們可能會一臉惘然。

八月初，真証傳播的攝製隊，從繁盛的香港飛進頹垣敗瓦的阿富汗，要拍攝地球另一面生命的脈動。

「出發前，我們曾搜集關於阿富汗歷史及政治環境的資料，給我的印象是：這國家很窮，充滿苦難，民不聊生；到了喀布爾 (Kabul) 後，發覺他們真的很窮，無靚衫著，無屋住，但活得很開心。他們並不覺得自己很『慘』，倒是我們覺得他們很

『慘』而已。」攝製隊的導演Louisa說。

貧窮但開心

攝製隊跟隨在當地志願機構工作了六年的陳念聰醫生的帶領，在阿富汗逗留了十五天。鏡頭內，滿目瘡痍的景象攝進了每一格菲林；鏡頭外，他們卻受到當地人民盛情的款待，甚至覺得有點兒不習慣。「他們待人很熱情，尤其是對外國人。陳醫生說，阿富汗人民很好客，你來探訪，他們會將家中最好的食物與你分享。走到街上，他們會不斷跟你打招呼，拉你閒談，態度很友善，與香港人截然不同。」

Louisa是第一次踏進阿富汗的國土，給她印象最深的，不是多年來戰火的傷痕，而是阿富汗人民一張張樂天的笑臉。

「阿富汗人很喜歡笑。我覺得他們生活開心，不只是來自表面的接觸，而是透過訪問，知道他們對將來都抱著樂觀的態度，相信塔利班不會回來，相信阿富汗會愈來愈好——即使他們知道和平的日子或許不會太久。」

高壓的政治，確會令生活失去樂趣。阿富汗人民在塔利班下台後，終於重享自由的喜悅。尤其對當地婦女而言，不准工作、不准上學、不准被男醫生醫治的日子已經遠去，在蒙面的臉紗背後，昔日難得的歡顏再次重現了。

難忘的街童

Louisa在十多天的行程中，認識了一位十四歲的街童，至今還令她十分牽繫。那街童的父親早亡，家中剩下媽媽、三位姊姊、一位弟弟和他。街童幾歲大，便走到街上，為外國人擦鞋養家。有一次，因他認識外國人，而被塔利班拉進牢獄，過了一個月的鐵窗生涯。

Louisa坦言：「比起自己親戚的小朋友，這街童實在乖得多。他很勤力，很開心，也很珍惜現在可以讀書的機會。他有一個願望，就是當飛機師，所以很努力學英文，一有機會便拿起英文書來看。」

槍火原來很近

在戰地採訪，少不免令人想起安全的問題。而另一個令Louisa留下深刻印象的經歷，也與槍火有關。

「起程之前，家人和我也擔心有危險，恐怕會遇到地雷或自殺式炸彈。但到步後，卻很平安。……不過，在途經巴基斯坦時，也曾遇到猶有餘悸的經歷。」

「那次，我們在巴基斯坦訪問一對在阿富汗服務的菲律賓夫婦。因為他們的子女在巴基斯坦的學校讀書，所以訪問便在Campus進行。在訪問後的第二天，我們收到消息，學校被蒙面槍手襲擊，一共死了六人，包括四名守衛和兩名途人。而我們剛訪問過的菲律賓籍太太原來也中了流彈，幸好沒有生命危險。」

這消息，對於一向活在太平盛世的攝製隊成員來說，無疑十分震撼。Louisa從未想過，自己會與恐怖襲擊和槍林彈雨如許接近，只消縮減十多小時的空間距離，縱橫飛射的流彈就會與他們擦身而過。不過，Louisa說這種事在當地原來是經常發生的，所以她非常敬佩在那裏做志願服務的人，覺得他們冒著生命危險來服事別人，「真的很偉大」！

學習簡樸生活

這次到異地拍攝的經驗，對Louisa啟發很深，猶如從一種慣行的軌道，跳進另一種生命的軌迹。這軌迹，在她二十多年的人生旅途中，從未遇過。

「到喀布爾，我看到世界的另一面，發覺有一些生活條件很差的人，其思想方式與自己很不相同。在阿富汗，許多人都很開心；反之，在香港，人人都很憂愁，害怕找不到工作，怕失業，即使有工做，也害怕被辭退。前幾年，我也遭到裁員，曾為自己的前途擔憂。來到阿富汗，我發覺生活原來可以簡樸一點，開心一點，只要你多看人與人的關係，少看一些物質生活便可以了……如果不看自己的缺乏，多看自己的擁有，人便會變得開心一些。」

簡樸的美、快樂的祕訣、志願機構服務人員的勇敢，隨著阿富汗人民的笑臉，深深刻印在Louisa心裏。

返港後，Louisa也開始調校自己的生活方式，印證從阿富汗得來的體驗。自言十分饞嘴的她，已開始吃得節儉一些，儘量不開冷氣，和多些步行，希望把省下來的金錢，用來捐助貧困地區的人（如阿富汗那位街童），或資助當地的志願機構。

「我覺得生活原來有另一種意義（除物質享受外），就是幫人，這樣自己也會感到很快樂！現在我比以前容易滿足，只要吃得飽，穿得暖便可以了。如果失業，說不定我也會到阿富汗工作；生命不只是一條路，還有許多選擇呢！」Louisa如是說。

原載於《明報．星期日副刊．心靈空間》，（2002年10月6日），原題為〈阿富汗人貧亦樂〉，獲《明報》允准轉載。

訪後游想：

快樂從何而來？

「快樂，不是建立於物質之上。」——這句話雖是老生常談，但印證於阿富汗人民，卻是千真萬確。

Louisa的經歷，喚起了我的童年經驗。小時候，我住在公屋，閒時多與一班「小街坊」，在走廊玩紅綠燈、兵捉賊，踢西瓜波等。那時鄰居中，有一位家境較富裕的小朋友，他爸爸經常買合金機械人給他玩，令我十分羨慕。不過，那小孩很少朋友，經常獨個兒坐在門口看我們嬉戲。每當我們經過，他便會舉起機械人向我們「展示」，並擺出開心滿足的樣子，然而我知道，他其實是寂寞的。

這種經驗令我更確實知道：物質買不到快樂；而快樂很大程度是來自愉快的羣體生活，如朋友和家人的歡聚。當然，一個人快樂與否，還牽涉內在的心態，那就是你能否樂觀地詮釋人生的際遇了。

中國哲人莊子曾提出，逍遙的條件在於「無待」。事實上，人如果無待，那的確很自由、很快樂。但我們生於此時此地，除有待於物質享受、家人朋輩的關懷外，更有待於社會對自己的認同。而這種認同又常繫於擁有物質的多寡之上，得不到時，便陷於自我否定的苦海，這樣便難言快樂了。所以，要獲得真正的快樂，其實還涉及人生觀的問題。

鄺炳釗博士在《從聖經看如何活得更快樂》中，除指出多個活得快樂的祕訣外，還提出一種「無待」的快樂——以神為樂。在基督信仰中，人的價值建基於人按照神的形像而造，所以不論貧富美醜，每個人都有天賦的尊嚴，一樣是神看為寶貝的兒女。而且，當我們認識神後，更會因得著救恩而樂，因體驗到神的愛和幫助而樂；加上這種愛不受時空外物限制，只要我們願意親近神，便可置於祂的愛和恩典之中。我想，這或許就是莊子所希冀的逍遙之樂(與造物者同遊)了。有時候，在靈修中，或在某一刻瞥見神的恩典，或驀地感到神的同在，心裏就會湧流一種欲語忘言、悠然自得之樂。這種快樂，不是官能上的狂喜，而是一種怡然的舒暢，是淡遠而綿長的，就好像中國古哲所形容的得道境界，也就是基督教常說的「喜樂」。

當代神學家巴刻(J. I. Packer)在《生命的重整》中講述喜樂的課題。他把「喜樂」與樂趣、遊戲、性格開朗及無憂無慮分開，並進一步指出「喜樂」是心中之樂，是整個人的心境，是結合思想與感受而產生的欣快之情。巴刻歸納出喜樂的四種源頭，讓我們能攀藤尋索。如果你自覺是一個性格沉靜，或略帶憂鬱的基督徒，細讀此書，你會獲得一種解頤的共鳴。

延伸閱讀

巴刻著，文逢參譯：《生命的重整》(香港：宣道出版社，1995)。

題四

城市景觀

解讀一首傳世之歌

假使香港人不善忘，「SARS一役」醫護的英勇故事，肯定會成為鏤心的集體回憶。

SARS肆虐已近百天，醫護接連倒下的消息，依舊令人心痛。他們無私的犧牲，除叫人感動外，可會喚起我們對生命的醒覺？

那一天，陽光明媚，在謝婉雯的墓前，除了迴盪著那首傳世之歌外，沙土的灑落，更埋葬了我們的依依。那生命短暫而美麗，其內涵除英勇、無私之外，還有甚麼呢……

五月二十二日，是揪人心緒的日子。在殯儀館外，擠滿了圍觀的市民，向離別的生命遙遙致敬。很難忘記那一刻的影像：一個接受電視台訪問的市民，臉戴口罩，眼泛淚光的説：「她那麼英勇救人，我們除了懂得戴口罩外，還做過甚麼呢？」這一個反問，好像醍醐灌頂，叫人發現：同樣是一條每天過二十四小時的生命，表現竟會如此判若雲泥。

其實，今次在SARS戰場犧牲的醫護，不獨是謝婉雯，還有其他忠於職守的「勇士」。不過，不容否認，謝的死卻特別惹人談論。這是因為她的年輕、她的職階、她的傳奇婚姻，還是……

自動請纓令人感動

「作為一個牧師，看見謝姊妹的行徑，也很感動。這位年輕醫生，在照顧病人時並無顧念自己；而更難得是她主動請纓，走進SARS病房。據聞，這不是她的職責，她毋須這樣做，只是基於專業操守，和存著基督的愛的感動，她走上了前線，這不是一般人都可做到的。況且，她過去行醫，也幫助和關心了許多病人，可說是甚有『醫德』，故此特別叫人懷念。」九龍城浸信會主任牧師張慕皚概然說道。

張牧師認為，像謝婉雯這份無私精神，即使是沒有宗教信仰的人也會有。不過，在謝醫生身上，信仰的激勵卻顯而易見。「我相信基督在十字架上犧牲救人的榜樣，激勵了她願意捨己、背起十字架，跟隨耶穌的表現。她那份願意為別人犧牲的精神，就是從耶穌犧牲的愛而來的。」

無私源自屬靈品格

據傳媒報道，謝婉雯曾對問她怕不怕SARS的人說：「不怕，祈禱交給主便不會驚慌。」她這句說話，相信在歷史中，也有不少人說過。在公元二至三世紀，於非洲亞歷山大城，就發生過一場瘟疫，那時許多基督徒都犧牲自己，照顧其他人。另外，十九世紀著名傳道人戴德生也放棄在英國行醫，奉獻一生，走到當時貧困的中國內地傳道。還有我們敬愛的德蘭修女⋯⋯

張牧師說，謝醫生無私的奉獻，不會是一時衝動的表現，而應該是長時間修養而來的。「她信主後，信仰會培養她離開自私的本性，而實現耶穌基督的愛，這是一種累積下來的屬靈品格，一旦遇上環境有這需要，便會發揮出來。」

對於謝醫生向神祈禱的說話，張牧師稱這是許多基督徒都有的經驗。「在危險時刻，依賴神——有權能的神，很自然便產生這樣的信念。聖經這樣說：『你的日子如何，力量也如何。』意思是當你有朝面對困難的環境，神便會賜你足夠的力量去面對。這是神賜給我們的應許，讓人有勇氣面對未來。」

挑戰香港人價值觀

謝婉雯的英文名叫Joanna，意思是「上帝仁慈的禮物」。在她出殯之日，就有市民說：「她是上帝為沉鬱的香港派來的天使。」這評語，竟來得恰如其分。

天使的職責，除守護凡人外，也傳達上帝的說話。那麼Joanna的犧牲，對香港人又帶來了甚麼啟發和信息呢？

「謝的死，挑戰了香港文化。香港人多以自我利益為中心，但謝卻為大家的好處，忘記自己，關心別人，這是一種成熟生命的表現。她提醒香港人：社會要運作得好，要振興，便不要太自私，要有公德心，顧全整體利益。」

「其次，她提醒我們：一個人的成就，不在其專業上可賺多少錢，或有多成功，而在於對社會有多少貢獻；而生命的豐盛，不在乎長短，而在乎生命的素質；成功乃在乎能付出多少，不在乎擁有多少。」

張牧師認為香港社會的確很需要這種犧牲精神。他覺得現在的港人很自私，例如「青少年行街，不慎踢到人，還會說別人『阻住』他！年輕一代崇尚物質主義，只為自己著想。謝的行徑正抗衡了這種文化，教人注重公德，關心別人，這是我們應該學習的。」

美麗光輝可望可即——

《一首傳世之歌》上說：

「那種美麗我們不可觀望
只能領會
只能感激
並且記住……」

謝婉雯的身世，的確是一首足以傳世的旋律；但我們可不要把她封為偶像供奉，然後便如常「各行其道」。正如她的小叔所言：「謝婉雯只是一個平凡人。」她沒有甚麼魔法，叫人為她動容懷念。如果有，那也只是深藏於我們人性裏的光輝—那份愛—捨己為人的愛，這都是每個人可以學習和實現出來的。

原載於《明報．星期日副刊．心靈》，(2003年6月8日)，原題為〈從謝婉雯說起解讀上帝仁慈的禮物〉，獲《明報》允准轉載。

訪後游想：

我們會否過分吹捧謝婉雯？

那一天，走到街上，看到不少教會都掛起印有彩虹的海報橫額，大肆宣傳一齣電影——《天作之盒》。宣傳之勢，真可說是「此起彼落」、「盛況空前」，甚至比宣傳耶穌的見證電影更厲害！於是，心裏忽然冒起以上的疑問。

無可置疑，謝婉雯的行徑確叫人尊敬和動容。因此，在撰寫有關謝的文章時，我心裏也隱含激動，充滿不捨之情。然而，我也記得以前一位宗哲系老師經常說：不要把人無限化，否則人便變了神，成為我們的偶像。所以，在前文末尾，我刻意引述謝氏小叔的說話，以作提醒，好讓我們擦亮眼睛，看見鑄造一個生命傳奇背後的動力，並能在讚賞謝婉雯之時，也不忘歸榮耀給神。

不過，話說回來，謝婉雯的故事，確帶給我們許多反省。《天作之盒》其實可視為謝婉雯犧牲事迹的前傳，讓我們重新審視她信仰生命孕育的過程。謝婉雯信主的年月不太長，未信主前，她勤奮向學，努力為實現做個好醫生的志願奮鬥。但她結識丈夫Albert後，Albert在頑疾中對主的堅信，樂觀愛人，又懂得倚靠神的心，都深化了謝婉雯的生命內涵，使她變得更堅毅、更懂得愛人、更有使命感。我相信，Albert是謝婉雯生命中的屬靈導師，兩人長期親密的相處，加速了謝的成長，讓神的道改造了她固有的人生觀和價值觀。

從謝婉雯的事迹中，我們清楚看到基督信仰一個很重要的特質——虛己。謝的犧牲，固然是虛己以至於捨己的表現，而她明知Albert患有癌病，也願意下嫁他，可見她在愛裏不求自己的益處，這也是一種虛己。在聖經中，虛己的人能先求神的國和神的義，不以自我為中心，也不事事以自己的利益和成見作衡量標準，主耶穌正是體現虛己的完美典範。

有人説，在後現代，基督教已漸淡忘十架的道理、捨己的教訓，而趨於追求成功和卓越。這的確是實情。數年前，《雅比斯的禱告》風行一時，便有人指這書忽視了基督教受苦的神學；吳主光更直言它變相推銷「成功神學」[1]。謝婉雯的死，可能是一種當頭棒喝，叫我們反省最令人動容的力量是甚麼，主耶穌立下的榜樣又是甚麼。

十字架的道理，確是世人眼中看為愚拙的事。楊小松博士便曾以「傻」、「蠢」、「笨」、「懵」、「荒謬」等，來歸納箇中種種原因。十字架道理，可算是一種「不以同等為強奪」，與世俗潮流背馳的逆向思考，它要求人忍讓分享、情願吃虧、以德報怨，而不以力量、霸道取勝。謝婉雯的一生，正顯現了這種在低調中彰顯傳奇的特質。

註釋

1. 吳主光：〈禱告的祕訣〉，整全訓練神學院網頁，下載自http：//www.ftcws.org/ftmagazine/sp/200312sp1.htm（9/1/2005）。

延伸閱讀

《捨身事人．疫境之光——謝婉雯醫生紀念集》（香港：基督教敬拜會出版，2003）。

關信輝導演：《天作之盒》（香港：影音使團製作及出版，2004）。

楊小松著：〈十字架的道理〉，《建道通訊》第138期（香港：建道神學院，2005年1月）。

從《無間道》看「我是誰」

「我是誰？」——不是失憶的人才會問。當步入青春期，或人到中年的時候，往往在某個時刻，便會心血來潮，吐出這三個字來。

這問題，從來不易回答。問了，可能會換來一臉惘然，就像《無間道》的主角一樣。

《無間道》的開頭：一個「兵」，被安排做「賊」；一個「賊」，被安排做「兵」。兩位主角的故事，就在這命定的兩種身分的衝突下發展起來。到結局，一位主角堅持做「兵」，結果死了；另一位成功由「賊」轉「兵」，卻帶來許多遺憾，和一個永遠要掩飾的祕密。

《無間道》表面是香港典型的警匪鬥智片，內裏卻是一個從錯置的心理狀態中，嘗試尋回自己的過程；而在這過程中，「自我」又不斷受生存的要求牽引，形成戲中的多重張力。

臥底處身正邪間

自我的追尋，是文學及電影作品經常出現的主題。在《無間道》中，它的重點不是指深層自我的發現，或啟發自我的潛能，而是被放在一個特殊的處境——「臥底」——中去考量。身兼影評人及基督徒畢業生團契幹事陳榆指出，臥底電影在香港拍過不少，早年方育平的《邊緣人》已經把臥底的迷失與墮陷刻劃得淋漓盡致。臥底的心態很特別，他們經常處於理想世界與邪惡世界的狹縫，工作時要扮演另一個與自己性情迴然不同的角色，必須時常忘記自己，這是「自我異化的作用」(self-alicnation effect)。臥底長期處於為了「大我」使「小我」矮化的狀態，確很容易產生「我是誰」的身分迷惑。

誰人定義「我是誰」

關於「我是誰」的意涵，陳榆認為除了是辨別身分外，還涉及是由誰去定義的問題。在《無間道》中，他認為後者比前者更值得探討。

「預告片中，一些演員如黃秋生都說『(正邪) 界線很難劃分』，但其實結局時，誰好誰壞，觀眾很清楚。兩位主角雖有內心掙扎，但仍很清楚自己是誰，『身分模糊』的問題不太明顯。尤其是陳永仁 (梁朝偉飾)，他一直很清楚自己是『兵』，最後跟劉健明 (劉德華飾) 在天台對決就是一例；而劉德華也一直知道自己是『賊』，黑社會大哥韓琛 (曾志偉飾) 在戲院提醒他究竟是為了自己，還是為組織著想也是一例。這種情況要到最後才有些微轉變。」

所以，陳榆認為在整齣戲中，兩位主角面對的最大問題，在於自我 (self) 與角色 (role) 的錯置，令他們在真我性情與角色要求的衝突下，承受很大的痛苦。

「一般自我與角色的錯置，都是透過『自決』來解決內部的衝突和矛盾，務求作出一些選擇，尋求解脱。所以，『我是誰』仍是由自己去定義的。然而，人並不是孤立存在，當人要為『我是誰』下定義時，必然會受其他人對自己的評價和定義左右；尤其是臥底，這問題便來得更加重要……」

陳榆繼續解釋，在《無間道》中，兩位主角在錯置中的身分，是由黑社會大哥韓琛和黃志誠警司去定義的。「一個臥底能保存自我，背後必須有一段值得信任的關係才能支持。而且這段關係，必須由一個值得自己信任及知人善用的『他者』(the other) 主催。《無間道》開場不久，陳永仁雖然答不到黃志誠的問題：『你覺得我個人點？』但他仍將自己的生死交給他。後來，當知道陳永仁臥底身分的人相繼死去，他便真正面臨身分模糊的危機。而臥底電影最值得探討的，反而是這段有趣的關係。」

衝突助認識自我

做「臥底」，是一個很特殊的處境；但這類電影卻可啟發不少處世智慧，尤其是對自我的了解。陳榆舉例說：「假如有人(如老闆)要求你去做些不喜歡的事，通過比較，往往反而令人更清楚『我是誰』。當然，那要看上司是否符合前面所提的兩個條件——值得自己信任，以及知人善用。因為一個比你英明能幹、及知人善用的好老闆，往往能看出你喜歡與不喜歡以外的潛質。大家常說的：『你唔試過乂點知？』正是指這種情況。所以，肯嘗試的話，自我與角色的錯置而引致的模糊化，反而是認識自我的必經過程。」

自我非一成不變

事實上，心理學家多認為一個人的自我觀念，並非一成不變。隨著歲月增長和角色的變易，自我觀念可能不斷出現蛻變和轉型。陳榆本身便是一個典型的例子。他在成為基督徒之前，是個很守規矩的人，父母眼中的「乖乖仔」，就像聖經中嚴守戒律的法利賽人一樣。但信主後，由於感受到信仰帶來的自由，他開始開放自己、嘗試不同的事物，甚至連他太太也覺得他好像變了另一個人，有點兒不能接受。對於這種轉變，他笑言在看《無間道》時也有種莫名其妙的共鳴：「我覺得《無間道》中寫得最好的角色是劉健明，心理變化最多，也是很多人的寫照。他肯定了我多年來的成長經驗——發覺自己好的一面和壞的一面同時成長。你現在問我：『我是誰？』我也答不出來，當然我有哪些特質，自己還是知道的。」

定好優次作選擇

人的成長，實在充滿許多變數，隨著角色的加減，境遇的變遷，少不免會出現混淆的現象。但陳榆堅信：即使遇上角色錯置的問題，只要定好人生目標的優先次序，順著做適當的選擇便可應付。「到最後，可能你仍然答不出『我是誰』這個問題，但多年以後，當驀然回首，你會發覺有很多美好的回憶，尤其是那些你不想做，但老闆看得起你，在半推半就的情況下你又『搞掂』的片段。這些生命的故事，就成就了今天的你。」

附篇：如何面對自我與角色錯置

在職場中，如《無間道》那種自我與角色錯置的情況，其實經常出現。如果處理不善，長期處於心理衝突之中，人可能會陷入憂鬱、惶恐的負面情緒。陳榆提出了以下三點來疏解這種內心的矛盾：

第一，接受人的有限，要有心理預備，知道扮演任何角色必會有得有失。例如《無間道》中的陳永仁為了正義，卻失去了女朋友（蕭亞軒飾）和自己的女兒（電影似有這樣的暗示）。

第二，必須找出誰在決定自我與角色錯置背後的意義，作為巨大的動力，去接納這種處境。這就是「實存心理治療」中尋找意義 (search for meaning) 的方法。

第三，主動找一些比自己成熟，又知人善用的「師傅」(mentor)，幫助自己去面對。《無間道》最溫馨的場景，要算是黃志誠警司送手錶給陳永仁的一幕。那手錶告訴陳永仁：黃志誠警司並沒有忘記他，他不是一根「針」，是一個人！

原載於《明報．星期日副刊．心靈空間》，(2003年1月5日)，獲《明報》允准轉載。

訪後游想：

基督徒可以做「臥底」嗎？

訪問陳榆的時候，他說在觀看《無間道》時，最令他深思的問題是：基督徒可不可以做「臥底」？我聽後，當然順勢追問：「那可不可以？」他遲疑了一會，審慎地說：「應該可以！」

事隔一年，當時陳榆所持的理由，我已忘記了。我想，大概他的觀點，會與羅秉祥在《黑白分明》裏提出的「正義戰爭論」相若——基於正當的理由，不得已作出一個道德上悲愴的抉擇！

做臥底，對一般基督徒來說（做警察的另當別論），可能只是電影的題材，與現實生活無甚關係。殊不知，這種想法，在幾個月前給證實是錯的！

事緣有一天，一位大學時的基督徒同學約我出來，向我訴苦，說上司要她到別家公司的展品發布會做間諜！我當時不以為然，隨口便答：「那便去吧！……」但當看見她沉默不語的樣子，我便醒悟到事情的複雜性。

做商業間諜，當然不像警察「臥底」那樣，可能要作奸犯科。然而，最大的問題是要掩飾自己的身分，並且不斷說謊，這便有違聖經的教導了。

「要棄絕謊言」(弗四25)，是聖經明令的訓示；但「白色謊言」是否可以接受，卻又未有定論。方鎮明牧師在《情理相依》一書中，曾對不同性質的謊言作了詳細分析，並指出一些為了別人的益處，或拯救別人生命而說的謊言，是可以接納的。可惜，方牧師沒有列舉商業間諜的例子，以致我依然不敢斷定：為了服從上司而做「臥底」，並不斷扯謊，是否也屬於「可接納的謊言」之列。

結果，我那位同學掙扎了一兩天，終於拒絕了上司的要求。而我，也深深佩服她的道德勇氣，以及對信仰的忠誠——當然，我也為自己未曾遇上這個試探，而衷心感謝神！

延伸閱讀

羅秉祥著：《黑白分明——基督教倫理縱橫談》(香港：宣道出版社，1994)。
方鎮明著：《情理相依——基督徒倫理學》(香港：浸信會出版社，2001)。

扶貧體會人性尊嚴

德蘭修女說：「我們應感激窮人……」

貧窮人，在繁盛的都市，常被視為施恩的對象。曾幾何時，我們都試過在大街路旁，或在籌款節目上，向他們投以憐憫的目光。但投身扶貧工作多年的李健華牧師認為：「正是接觸貧窮人，令他擴闊眼界，更體會到人的價值與尊嚴。」

如果有一天，你在街上看見一位牧師，捲起袖管，推著手拉車，到處收集二手家具，請你不用希奇——那正是數年前李健華牧師的寫照。

親身上街收集家具

「起初，在適應上覺得有些困難！過去在教會工作，都以領袖的姿態出現，甚至帶領牧師團出席國際會議；可現今卻集總幹事及總務於一身，要親手推車收集物資，然後分發給貧困家庭，的確覺得很尷尬。我也曾自問：『是否真的需要如此服事貧者呢？』」

這念頭，在李牧師腦中一閃而過，很快他便得到答案：「主耶穌也是道成肉身，走到人羣當中。不了解貧窮，不放下尊嚴，

又如何服事呢？」

李牧師親力親為的扶貧，其實連受惠者也感詫異。曾有人問他：「何須你親手送家具來呢？」李牧師回答説：「因為我心中有耶穌的愛，所以能用這種愛來關心你，滿足你的需要。」

親力親為，一直是李牧師扶貧的理念。他認為惟有這樣，才能深深體會貧窮的苦況，切身了解窮人的需要，繼而帶領扶貧工作的發展。

祈禱中為貧者哭泣

李健華牧師在一九八一年神學畢業，之後便擔任教會傳道、牧師，牧養信徒。至一九九七年，他的工作有了很大的轉向。他看見內地人移居本港增多，這時經濟又開始轉壞，新移民要適應香港生活，難上加難，而且往往陷於貧困之中。「當時我曾探訪一些新來港人士，看見他們用紙皮睡在地上，又有些拿著兩袋衫便在親友家中寄居，心裏很感受到他們的需要。」

就在那年，李牧師離開了安舒的工作崗位，成立新福事工協會，服事新來港人士。這個決定，可謂説易行難，在李牧師心中，其實也有一番折騰與掙扎。

「最初我希望物色一位合適的旗手，聯繫各服務機構，擔任策劃、推動支援新來港人士的工作。但經過一段時間接觸後，竟無人願意出任。後來，在一次祈禱中，有一把聲音對我說：『為何你不考慮自己承擔呢？』我回答：『我在推動福音二千運動，已覺得很偉大了，你還想我怎樣？』跟著，我將這話放在心裏，反覆思想。」

「其後，有幾天我為新來港人士禱告，不知怎的，其間不斷哭泣。我很感受到新來港人士的需要，也知道這感動是來自神的——不是我在哭，而是祂，神讓我明白到祂的憐憫，祂對這羣失喪的人甚是焦急：『……那時，耶和華看見沒有公平，甚不喜悅。祂見無人拯救，無人代求，甚為詫異。』(賽五十九15～16) 這經文觸動了我的心，於是我願意回應神的召命，離開我喜歡的事奉崗位。」

不怕冒險委身扶貧

李牧師不諱言，當年的決定其實帶點「冒險」成分，因為在機構成立之初，他沒有支取薪金。幸好這段「貧困」的日子只維持了兩個月，其後便得到許多教會經濟上的支持，令機構可由一人擴充至現在的二十五人，並支援二千五百個貧困家庭。李牧師回憶往事，覺得這是一個恩典，「那時我正在供樓，如果無薪的日子持續下去，那便很難『捱』了！」李牧師莞爾笑道，笑容中蘊含一種難以名狀的感激。

在五年的扶貧工作中，李牧師感受良多。其中最令他印象深刻的，是探訪一個租住板間房牀位的家庭。

「那次探訪，我看見有一家三口(有一位懷孕婦人及一位小朋友)，用五百元租了板間房中一個樓梯底斜角位的牀位居住，那地方只有二十多呎。最震撼的是，牀位上還間了另一牀位給一個單身男士居住。居住牀位的人，每逢夏天，便熱得不能成眠。我看見後，心裏很酸，也很難受，於是動用基金幫助他們一段日子。現在這家人已搬往一個天台的房間，有二百多呎，生活條件好多了，人也變得開朗。」

李牧師指出，這種例子其實不在少數。他甚至見過一些新來港人士因無錢交租，要住在親友在新界的雞棚裏；又有些花了十元買魚，分三餐吃……足見香港的貧富懸殊已十分嚴重。

體悟人性尊嚴真諦

在富裕的社會如香港，一個人的價值往往用金錢、事業成就來衡量。在某些人眼中，貧窮人甚至被視為「沒有尊嚴」。對於這種看法，李健華牧師不敢苟同，相反透過扶貧，他更深刻體會到人的價值與尊嚴，其實不在乎他擁有多少資產，而是人本然已有。

「貧窮人與其他人一樣，也有尊嚴；而且，當人沒有任何資產時，反而更容易流露人性光輝的一面。在我接觸的窮人之中，許多都是有情有義的，待人很真誠，信念執得很緊。例如窮人家對子女的照顧，未必就比中產人士差。有一個月入只有五、六千元的家庭，為了栽培新來港的女兒，寧願生活艱苦些，也願意每月花一千元為女兒聘請補習老師。另有一家五口，月入只有五千元，但一直堅持『有一分力，也不索取公家錢』，不肯申請綜援，可見他們縱然貧困，卻活得甚有尊嚴，甚有原則。」

貧困無礙活得快樂

李牧師笑說，其實他還應該多謝貧窮人！因為他們樂天知命的態度，令他對生活有了新的體悟：

「原來人到了一無所有的時候，可以活得很灑脫，無包袱，喜歡不喜歡，也會直率表露。相反，有資產的人卻有許多壓力，人與人之間有很多『牆』，待人有很多掩飾。……窮人雖然物質享受不高，但可以活得很快樂。快樂，其實是來自心靈對物質環境的接受程度，並不在乎環境的好與壞。」

貧窮，確是叫人遺憾。然而，物質的匱乏，不一定叫人喪志，使人活得不快樂；相反，「心裏的貧窮」卻會令人失去自信，喪失愛心，活在孤獨寡歡的陰影裏。德蘭修女說過：「心靈上的貧乏才是最嚴重的疾病」。在這物質豐盛的城市，貧窮人不僅是需要關懷的對象，他們真樸、重情的態度，更是許多人遺落已久的心靈素質，值得我們重新學習和希冀。

原載於《明報．星期日副刊．心靈空間》，(2002年11月10日)，獲《明報》允准轉載。

訪後游想：

貧窮可以消滅嗎？

這問題，好像問得很愚蠢，卻是我採訪後的深切感受。

坦白說，我雖不算赤貧，但也屬草根階層。所以，當我聆聽李牧師細述個案時，真的感受到生活艱難，心情也隨案中人的悲喜而起跌——尤其是採訪後，李牧師帶我探訪了一位申領綜援的男士。那段經歷，更讓我感受到赤貧人士的處境，體會傳福音時全人關懷的重要。

那位受「新福」支援的男士租了一個唐樓房間，居住環境倒算不錯。李牧師說，他是癌症病人，但因為希望住得舒適一點，所以不惜用一半綜援金來租房，寧願在其他地方省吃儉用。我看著李牧師和他交談，那人不時感謝李牧師對他的關顧。從他的眼神、語氣，我真切的感受到李牧師的出現，就好像在他無助而寂寞的生命中，投射了一線希望的曙光——這曙光，其實是神透過李牧師散發出來「好憐憫」的曙光。

這次訪問，讓我走進了赤貧的世界，知道領綜援人士的處境，以及他們渴求別人關懷和藉福音改造心靈的需要。「貧窮可以消滅嗎？」——與其說是我的問題，不如說是一份期盼！貧窮的人，或許有些真的活得很有尊嚴；但如果貧病交迫，那便可能令他們意志消沉，而極需要別人的關心，好重新肯定他們的生命價值。

香港教會近年愈來愈中產化，對日益嚴重的貧富懸殊好像有點忽略了。或許，謝任生博士説得對：「今天香港的教會，把自己鎖定在中產階級的時空位置上……在有形及無形的四堵牆內過其特有文化的生活……忘記了教會也必須像耶穌道成人身一樣，特別活在貧窮人中，虛己作他們的僕人……。」

消滅貧窮，確是一個遙遠的夢。但我們不能只把責任交給福利機關便算，而忘了「行公義，好憐憫」，正是神賦予基督徒的天職。神説：祂「喜愛憐恤，不喜愛祭祀」(太九13)。耶穌昔日在世，也常與低下階層往來，並因而遭受法利賽人非議。我覺得，人性的光輝，也是在人伸出援手，關懷窮苦的剎那間閃耀出來的——因為那一剎間，正流露了人類無私的愛和接納，以及對人性尊嚴的關注。這一刻，是最美麗、最神聖、也最動人；猶如德蘭修女所説：「當我們觸摸貧窮人時，也就像觸摸耶穌。」

延伸閱讀

李健華編著：《血脈相連——關懷新來港人士手冊》(香港：新福事工協會，1999)。

德蘭修女著，王麗萍譯：《活著就是愛》(香港：基道書樓，1992)。

謝任生著：《有福音傳給貧窮人》(香港：建道神學院，2001)。

「創世」傳媒夢

講耶穌=沉悶？！

不知何時，有人發明了這方程式；也不知何時，連上教會的人都幾乎有此同感。

時代不同了，單純講道理會使人厭煩。於是，十多年前，有人試用多姿多彩的影音媒體來傳達生命信息，在教會掀起一股小旋風。這旋風愈捲愈大，直捲至大會堂、電影院、電視台，甚至希望捲至每一個人心裏，把香港變成「天使之城」。

這是它的夢，也是影音使團的夢。

「這年代，食雞無雞味，做人無人情味！」——這是喬宏遺作《天使之城》中一句經典對白。不過，若把它放之於早前鬧得沸沸揚揚的「女星裸照傳媒風波」來看，這批判已算是輕了。

一個月過後，激動的風雲消散，一切又恍惚如常。「狗仔隊」繼續出動，讀者繼續追看，天地間，驀然又變得「寬容」了。正當各路傳媒大軍又磨拳擦掌爭奪市場之際，一支打著「生命教育」旗號的小部隊也招兵買馬，急欲加入戰場，創立本港首個基督徒電視台「創世電視」。它的大旗手——影音使團總幹事袁文輝不諱言：「傳媒正在打一場仗！」這場仗，不是一場生死存亡的商業戰，而是一場意識型態之爭。

「電影、電視對下一代的確影響很大。十年前，本港影視製作播下了許多種子，以致今天有許多『天地不容』的事發生。如果我們想下一代健康成長，便應提供一些內容健康的節目，讓他們有所選擇。……現在傳媒的主流文化已嚴重變質，節目無內涵，所傳達的價值觀很差，已達至連傳媒中人都接納不到的階段。而基督教信仰講生命價值、講積極思想，絕對有市場。它可以改變主流文化，甚至不應該叫人發悶，覺得與生活無關係，反而應叫人產生一種『美善的驚喜』！」袁文輝蠻有信心的說。

傳媒起革命

「創世電視」是影音使團兩年前開始籌備的，以「生命教育」為宗旨，主要製作題材健康，適合闔家欣賞的電視節目，希望為觀眾提供娛樂之餘，並能影響他們對生命的態度，把基督教文化融入生活之中。

對於設立「創世電視」，袁文輝覺得不僅是建立一家電視台，而且更是一場「城市運動」。他堅信電視是「一種很犀利和有力的武器」，只要好好運用它，足可抗衡現在傳媒散播的主流價值觀。所以，在「創世」成立後，他們將推出一個「天使心」計劃，組織一個支持「創世」的會員網絡，每月把電視節目或舉行的講座製成VCD送給會員，讓他們再轉贈身邊的人，傳遞珍惜生命的信息。此外，他們還擔當內容供應商，安排節目在其他電視頻道播放，並幫助十八區的教會建立影音圖書館，務求構建廣闊的信息網，不斷傳播愛的信息，希望對城市帶來正面的影響。

「把香港變成『天使之城』，絕對是我們的夢想。但改變世界，要先由人心做起。如果心裏常有平安、喜樂，積極助人，便不會自殺，覺得人生無意義、無價值。現在社會正處於逆境，要有堅強的意志『捱過去』；要『捱得過』，就要視乎怎樣看世界……如果全港的基督徒都去做（支持『天使心』的計劃），香港要變成『天使之城』不難。」袁文輝樂觀地說。

勇敢闖難關

要創建一家電視台，對一間小小的非牟利機構來說，確是一件不容易的事。即或夢想如何偉大，要每年籌募兩千萬元經費，任誰也難有把握。「創世電視」本來預計本月在有線頻道啟播，但因經費問題，惟有推延至明年三月才開始。

袁文輝坦承，目前正是最艱難的時刻，「十二月是製作的高峯期，許多節目都等著開拍。現在的感覺是戰戰兢兢，好像BB快要出世，很開心，但卻陣痛連連……不夠錢，惟有『大有大做，細有細做』，最不忍心是要延遲發薪給同工，當中有很多眼淚和辛酸。」

不過，面對未來的路，袁文輝卻不懼怕，因為十多年攝製錄影帶和福音電影的經驗，叫他有充足的信心，闖過另一個難關。

「當初辭了保良局的穩定工作，全時間搞影音使團，也是單憑信心，求神帶領。最初幾個月無薪酬、無地方、無製作經費。我們三個人或在家中，或在教會，或在學校工作，連辦公室也沒有。直至幾個月後，有一位老人家免費借辦公室給我們；又幾個月後，完成了製作，反應甚佳；又幾個月後，製作升級……機構不斷發展，每一部製作都感受到上帝親切的帶領，就像接觸到上帝的手一樣。」

深信神帶領

袁文輝形容十多年的事奉過程，就像一個小神蹟接一個大神蹟，然後指向另一個更大的神蹟。他心底裏一直存有一個堅定的信念(也是教會的教導)：「為上帝做事的人，如宣教士，神一定會照顧他，他不會餓死——直至殉道為止，哈哈哈……」

說到與神的關係，一直冷靜的袁文輝爆發出熱烈的笑容，在冷靜與熱情的浮動間，彷似流過了舊日歲月的碎片，堆疊起今天堅固的信心：「如果現在有位有錢人包起(經費)，這不是好消息，因為大家只會看見那位有錢人。但如果沒有，而又做得好，那便看到上帝的支持，證明這是上帝的事。我很有信心，相信上帝會帶領我們經過，而且會做得好。」

在傳媒生態的戰場上，「天地不容」的振臂呼聲遠了，但同時冒起了一支兵力微寡的新軍。

聖經說：「得勝不在乎人多人少」；「在神豈有難成之事」。

籌辦基督徒電視台，構建「天使之城」，是烏托邦的夢想，抑或「豈有難成之事」？歷史會給予見證。

原載於《明報．星期日副刊．心靈空間》，(2002年12月15日)，獲《明報》允准轉載。

訪後游想：

基督徒電視台值得營運下去嗎？

兩年了！創世電視台由二○○三年三月開始，已經歷最艱難的草創時期。到執筆為文時，心裏牽掛的是：「創世」可獲得續約嗎？——這也是我在採訪稿中最後帶出的問題。

果然，歷史見證了神的帶領——當我懷著患得患失的心情，登入「創世」網頁……嘩！彈出來的信息，真令我樂透了！因為創世電視已獲有線續約三年，而且還計劃把福音戰線延長，把節目投放在其他免費電視頻道播放，並在鬧市開設「禮物研究所」，建立城市宣教據點。這一連串的大計，讓我重新感受到那年與他們並肩作戰時的朝氣。

當我訪問袁文輝後，感謝神，我有一段時間參與了「創世」的事奉，並見證她的誕生。還記得，在開幕禮那一晚，我訪問了不少教牧，他們大致上都贊同香港需要設立一條基督教電視頻道，但也擔憂信徒的奉獻是否足夠維持龐大的開支。

這疑問，大家驗證了兩年。今天「創世」依舊負債纍纍，但不至於債台高築，以至倒閉！兩年後，一切又好像從新開始，進入另一個新的紀元。「創世」對傳福音和基督徒的生活有幫助嗎？這是肯定的，但幫助有多大，卻很難計量。如果單看《天作之盒》成為眾多教會佈道的工具，我們理應同意「創世」的努力是值得嘉許的。而且，我自己也曾經歷從「創世」頻道獲得神信息的鼓勵。這或許正如張堅庭所言，建立基督徒電視頻道最大的好處，就是讓關愛從電視中跑出來，給軟弱的人直接幫助。[1]事實上，我在「創世」事奉的時候，也聽同工說過，她認識一些人真是透過看電視信主呢！如此說來，有誰可以抹煞基督徒電視台存在的價值呢？

至於是否值得營運下去，我想，這問題只有神才能回答。因為只有祂才知道創世電視在這兩年間，究竟播下了多少福音的種子。這些種子，或許仍未能發芽生長，但難料他日可以適時收割，而收割的正是不同的教會。

我希望，這事工真的開始了，便不會停；也希望神加倍祝福、眷佑在艱難中奮進的「創世」同工，好叫他們能堅持下去，一圓構建「天使之城」之夢。

註釋

1. 香港：《明報》，2003年2月7日，A12。

延伸閱讀

創世電視台網頁：http：//www.creation-tv.com/。

影音使團網頁：http：//www.media.org.hk/。

現代神劇展示不倦心靈路

一個現代人，一個古代先知，在不知名的時空相遇，赫然發覺彼此有著相似的掙扎，一樣的共鳴——倦，是當中的主旋律。

一齣現代音樂神劇，陶鑄了古今人物的心靈旅程，也折射出監製鄭楚萍不倦追尋的音樂夢想。

曾有人說過，如果要用一個字形容這一代人，它就是：「倦」！在這個講求高增值的年代，有誰不想放緩腳步，享受一下生命的真正內涵呢？

「在《誰可懂祢心》這齣神劇中，主角Frankie也是一個感到很疲倦的現代人。他信主很久，但思想和生活卻變得很混亂。在一次偶然的機會，他闖進了一個虛擬世界，遇見一個躲在紙皮箱內的古代先知——以利亞。他本是一位偉大的先知，但此刻，他很疲憊，信心盡失，更想自殺！Frankie發覺自己與以利亞很有共鳴：兩人都想放棄，都在埋怨神……劇情就這樣緩緩展開。」拖著一把烏亮長髮的鄭楚萍娓娓道出神劇的故事情節。

觸動生命反思

現代神劇，驟眼來看，想必是演繹傳統的聖經故事。誰知道這齣《誰可懂祢心》卻滿載了現代人的感情，剖視了現代人的處境。

鄭楚萍說《誰》劇是一次新嘗試，希望能引領觀眾從新的角度去看聖經，反省固有的信仰和生命的意義。所以，它採用了創新的手法，以延續基督教神劇的藝術形式，一面保留了合唱歌曲的神韻，一面加入戲劇和敬拜音樂等元素，並融入現代的對白、語氣及本地的文化色彩，希望能在新舊形式之間取得平衡，擦出新的火花。

那麼此劇會不會不適合非基督徒看呢？

「不會。《誰》劇觸及的是生命的問題，展示出人的心靈旅程，尤其是處於迷惘的心靈狀態。主角Frankie後來再遇到另外兩位聖經人物——耶利米及馬利亞。他們都處於希望幻滅的沮喪中，生命充滿無奈、怠倦和沉悶，對未來缺乏把握，這正好對應著現代人的心理狀況，香港人此刻何嘗不是如此呢？但此劇正是要鼓勵人努力爭取，要堅信世界有盼望，不要放棄理想，希望觀眾看後也和主角一樣重新得力——當然好的劇只會提供指引，不會給予答

案；而《誰》劇最著重的也就是『誰人』來看，不同的人會從不同的角度，看出不同的答案。」

追尋神的心意

「疲倦——得力」可說是貫串整齣神劇的主旋律。當疲倦的音符，散落在信心崩潰的神僕，哭奔斷牆的先知，及熱望幻滅的婦人身上時，相信台下的人，心裏也會湧動著同一樣的掙扎，流過同一樣的旋律。

作為這齣現代音樂神劇的監製，鄭楚萍又曾否在事奉路上經歷過力竭筋疲的一刻？她又是否如劇名一樣，深深懂得神的心意？

説話一直斯文淡定的鄭楚萍忽地仰天笑起來，在長髮曳動中答道：「當然會！而且很疲倦！」她定一定神後説道：「坦白説，做音樂事奉是否神的心意，當初是不知道的。我只覺得教會的詩歌很好聽，很羨慕音樂事奉，於是便去讀音樂，教音樂，後來還想跨進一步，嘗試創作音樂。那時候，我下了一個很大的決定：放棄七年的教學工作，祈求上帝給我選擇音樂事奉的印證。我的禱告很簡單，只求神給我一個進修音樂的機會，因為我知道音樂是一門十分需要追求上進的藝術，自己內涵不足，怎能教人，怎能用音樂去表達感情和演奏呢？結果，神真的給予我機會，讓我進入中大修讀音樂，我看這也是神的一種回應呀！這時候，我知道自己已找到生命和事奉的方向了。」

事奉遇上低潮

鄭楚萍從事音樂創作的時日不短，放下中學的教學工作後，便一直在一間基督教音樂機構事奉，製作敬拜和讚美的音樂。她所謂的「疲倦時刻」，就出現在一九九八年。那年，她製作的《我是王》CD大受歡迎。

「出版《我是王》後，我發覺不知道怎樣再創作下去了，因為寫詩歌不能太膚淺，不能沒有內容。這是我生命的低潮！我辭去了基督教音樂機構的工作，安靜下來讓自己反省。我問：我的生命價值是甚麼呢？音樂工作就這樣完結嗎？」

「之後，得到很多人的鼓勵，我終於沒有放棄音樂創作。在沒有機構支持，沒有奉獻的情況下，我手持點點個人資金，開辦了音樂工作室，組織合唱團，兩年內，竟出版了九隻CD，合唱團也表演了六十多場。直至編寫《誰可懂祢心》，我才再次找到音樂創作的新起點。」

神劇帶來衝擊

鄭楚萍認為，編寫這齣音樂神劇，帶給她許多新的刺激。她感受到新藝術形式的脈動。它的生命蘊含了合唱音樂的感染力、戲劇的熱情，以及敬拜音樂的活力，可謂集多種優點於一身。再者，透過作曲、填詞、寫劇、表達劇情，深化了她生命裏的掙扎。劇中《斷牆》一曲的歌詞，正是她生命旅程的重要表達——「哀傷過滿驚喜，絕境中得恬靜，心靈重獲新氣力，斷牆滅後重現生命勁。」她覺得現代神劇是未來音樂創作的新方向。她相信音樂有一種奇妙的力量，好像有一股吸力，能鑽進和感染人的心，與説話、講道不同……

鄭楚萍一面説話，一面送別訪者走出她的工作室。雖然，沒有筆記摘錄，但這段話卻深印在聽者腦海之中……

或許，這種對音樂的執信，加上神交付的使命，就是這位長髮音樂人不倦創作的動力吧！顯然，現代神劇已放在鄭楚萍的音樂事奉路上，並升華成另一個夢想，一個讓她以童真、活力，再不息追尋的夢想！

原載於《明報．生活副刊．心靈篇》，(2002年8月18日)，獲《明報》允准轉載。

訪後游想：
如何驅走生命中的疲倦感？

對青少年來說，「疲倦」可能是踢球後筋疲力竭的代名詞；但對工作了十多年的人來說，這二字卻代表了無力、無助、欠缺方向感的迷失感覺。《誰可懂祢心》的主角，便流露了這樣的心境。

鄭楚萍的《誰》劇，讓我想起一個俚俗名詞，和一本幾年前出版的書：那名詞是「老油條」；那本書是楊牧谷的《你欠生命一份神蹟》。

「老油條」症候並非罕見。當你在一家公司做了超過十年，依然原地踏步；或當你見證一代又一代的更替，再與一班剛畢業的小伙子傾談時，你會赫然發覺，「老油條」感覺正在你身上「蠢蠢欲動」！楊牧谷說，「老油條」的徵狀至少有七種，就是憂愁、焦慮、失望、憤怒、散漫、無助和方向迷失——但關鍵是如何驅除這生命中的疲乏感呢？我曾問鄭楚萍，她說要讓觀眾自己從劇中找答案（一派藝術家風格！）；但楊牧谷就清楚說明：祕訣就是「破瓶傾愛」。

甚麼是破瓶傾愛？它其實源自馬利亞摔破玉瓶，膏抹耶穌的故事。楊牧谷解釋，玉瓶是指自我(selfhood)或個性(personality)，打破玉瓶意謂把自我獻給神，願意為主做任何事；而當人不再為己籌算、為己憂愁，就可以重拾生命的熱情，為神為人而活，綻放出如煙花閃耀的神蹟。

我一面細讀楊牧師的作品，一面好像為自己診脈……其中有一段，頗觸動我的心靈，也説出了生命轉向並帶來活力的關鍵：

「你每天只為自己活，自己可以變出甚麼新花樣呢？做老油條豈不是命定的嗎？相反地，你若是為別人而活，每天起來都有新的掛念對象，生活又豈不充滿勁兒？」

耶穌說：「……凡要救自己生命的，必喪掉生命；凡為我喪掉生命的，必得著生命。」(太十六24～25) ——我忽爾記起這弔詭的教訓，它叫我思索：生命中的得與失應怎樣衡量呢？當我們處心積慮為自己謀利時，這種「得」又是否真正的「得」？還是豁出去，忘我地為真理而活，最終會得著更多呢？……這當然只是我不著邊際的聯想，耶穌的金句自有其深博的智慧，這還待大家在釋經時慢慢發掘好了。[1]

註釋

1. 生命的轉向固然可讓人重拾活力，但不代表專心事奉便像「鐵打」一樣，永不言倦，以利亞就是一個例子。蔡元雲醫生也曾分享類似經歷，並提出一些解決方法，參蔡元雲著：《繁忙人的屬靈操練》上冊，(香港：突破出版社)，頁21～27。

延伸閱讀

愛音樂工作室網頁：http：//www.lovemusicworkshop.com。

楊牧谷著：《你欠生命一份神蹟》(香港：更新資源，2000)。

蔡元雲著：《繁忙人的屬靈操練》上冊(香港：突破出版社，1992)。

跋：船舷夜話

全是恩典

如果閱讀真是一種旅程，那麼來到這裏，便是尾聲了。假如你仍不睏倦，我願意在這小小尺幅內，與你分享我——這個導遊的故事。(如覺疲累，請早點去睡，祝君愉快！)這故事，可由「出埃及記」說起……

過紅海的經歷

許多人都喜歡用摩西看見荊棘燃燒的片段，比方自己對事奉「欲拒還迎」的掙扎，但我的情況卻與「過紅海」有點類似。

數年前，香港經濟低迷，許多公司都重組裁員，失業率飈升。我的部門也不能倖免，而我，也因此離開了工作多年的崗位。那段日子，心裏確很徬徨，每天都可聽到失業的新聞，甚至聽到有些博士、碩士，或高級行政人員也找不到工作，情緒也隨離職日期漸近而日趨低落。就在俗稱last day的那天，奇迹便發生了。

在離開公司前的一小時，我靜靜地收拾自己的物件，忽然電話響起，是我一個舊同事打來的。他知道我的近況，並邀請我為《明報》心靈版撰稿。這消息，真如陰霾裏的曙光，給我開了一條出路；而且時間不遲不早，恰巧就在離職前的一剎那，情況就如以色列人走到紅海邊沿，眼見前無去路，腳踏海水的一刻：海水分開了，神的作為顯現了……

與神同行

其實，在此之前，我已為《明報》推出心靈版而雀躍，因為傳媒中能有如此「正氣」的版面，委實難得，我也期盼能參與其中。想不到，這個願望竟在無心插柳下實現了。

老實説，過去我一直擔任編輯工作，採訪經驗不多。所以，承擔這任務時，真的是戰戰兢兢的。還記得，那時候正是香港經濟最低迷的日子，而且還遇上「沙士」，整個城市愁雲慘霧。我每星期都求問神應該採寫甚麼題目，祂有甚麼信息要傳給《明報》讀者；在文思枯竭時，我又求神教我怎樣寫下去……那一年，就好像與神同行的一年，心靈版把我和神，與整個時代連結一起，讓我深感基督徒作為時代先知的責任。

重燃少年夢

至於出書，也並非刻意部署的計劃。當然，我不諱言，出書是我個人的心願。不過，這心願只是一個少年夢，當我大學畢業後數年，這夢兒已經捎落，並葬送在現實生活的塵土中。

因為我發覺自己不是作家的材料，而擔當文字工作，已變成維生之技。事實上，在最初採訪時，我沒想過要出書。但後來發現，自己在採訪中得到很大啟發，又發覺身邊的弟兄姊妹以至受訪者，不少在星期日都不看報紙。那時，我覺得很可惜，又不想受訪者的信息湮沒無聞，於是萌生了集結成書的意念。

本來，像我這樣沒甚才華，又寂寂無聞的人，根本沒資格出書。但我依然把這個想望交給神，我向主說：「如果你覺得這些文章對弟兄姊妹有幫助的話，就願意你成就這事；但假若出書只為滿足我個人的心願，那便隨你意行吧，出不出書也不打緊了。」之後，我一直尋求神的旨意，例如向弟兄姊妹徵詢意見，也嘗試壯著膽子向鄧紹光博士提出，結果他積極的回應，給我很大的鼓勵。後來，在訪問張修齊博士時，他在不知情底下，忽然問我會否出書，這真叫我大受鼓舞——我覺得這是神給我的一次印證，於是我便抱著充滿戰兢的心情，等待出版社的回覆。

在神掌握之中

聖經說：「萬事都互相效力，叫愛神的人得益處。」在面對失業的難關，以及出書一事上，我都深深經歷這句話的真實，也加強了我信靠神的信心。因為：

若非幾年前被迫離開安舒的工作崗位，我現在還擔當文字工匠，埋首為不同商品做廣告特輯，沒有改變的可能；

若非我突然改變，我的舊同事又知悉我的近況，並作出邀請，以及心靈版碰巧缺人，我便沒機會擔當心靈版的採訪工作；

採寫心靈版的稿件，若非在過程中得到鄧紹光博士、張修齊博士及弟兄姊妹的鼓勵，又若非出版社願冒虧本之險，我便不可能出書……

這一切，大部分都不是我刻意計劃，也不是我所能控制的；而我相信，背後的默許者就是神，祂正引導我走進祂的計劃之中……

我不厭其煩地縷述我的故事（可能你已經呵欠連天，真抱歉！），其實只想真誠的向神說一聲感謝——感謝祂在艱難的歲月裏引導我前行，祂的竿、祂的杖都安慰我；我也期望你可以分享神對我的恩典，也希望藉我的經歷，能稍微增進你對神的認識和信心。

於今，重翻看這經年的文稿，一篇一篇，就彷似鋪出一條恩典之路，滴下脂油。我覺得，文章中受訪者對不同事物的見解，都說出了信仰的不同面相，每一篇文章，都好像一片玻璃樹冠，折射著真理的光芒，而貫串全體的，就是基督信仰。我希望你可以從受訪者的信息中，也可得著一些體悟；也期盼這棵信仰的玻璃樹，會隨著你的閱讀，種在你的心田，反照著真理，在你的生命中泛起陣陣陽光。

最後，我想再次多謝鄧紹光博士、張修齊博士及蕭坤玲傳道在我出書過程中對我的鼓勵；梁家麟院長、郭鴻標博士及鄧紹光博士在百忙中為我撰寫推介文；基道同工蔡錦圖先生、李慧儀小姐、何敏璇小姐及莫可雅小姐所付的辛勞；以及多謝明報副刊組伍成邦先生當初給我機會採寫心靈版……這一切，我都銘感於心，願神深深的祝福他們，誠心所願！

雪予

二○○五年二月二十三日

緊扣時代服事教會

以文字傳揚基督真道

讀者意見表

衷心多謝你購買本社書籍。本社一直致力以出版事工服事教會，幫助信徒扎根於神的話語，促進靈命增長。為使我們的出版更能滿足你的需要，請填寫下列各項資料，並寄回或傳真予本社。

所購書籍：＿＿＿＿＿＿＿＿＿＿＿＿

本書最吸引你的地方：

□作者　□適切性　□文筆　□設計　□實用性

□其他：＿＿＿＿＿＿＿＿＿＿＿＿

購買本書地點：

□基道書樓　□基督教書店　□非基督教書店

性別：□男　□女　職業：＿＿＿＿＿＿

信仰：□基督徒　□非基督徒

年齡：□ 16 歲或以下　□ 17 ～ 25 歲　□ 26 ～ 35 歲

□ 36 ～ 55 歲　□ 56 歲或以上

學歷：□中三或以下　□中五　□預科

□大學　□研究院

□我欲更多了解基道出版社的事工及考慮支持，請寄給我下列資料：

□機構簡介　□新書資料　□基道會員通訊

□《基道文字事工通訊》

姓名：＿＿＿＿＿＿＿＿＿＿電話：＿＿＿＿＿＿

地址：＿＿＿＿＿＿＿＿＿＿＿＿＿＿＿＿＿＿

＿＿＿＿＿＿＿＿＿＿＿＿＿＿＿＿＿＿

傳真：＿＿＿＿＿＿＿＿　電子郵件：＿＿＿＿＿＿

其他意見：＿＿＿＿＿＿＿＿＿＿＿＿＿＿＿＿

＿＿＿＿＿＿＿＿＿＿＿＿＿＿＿＿＿＿＿＿

多謝賜教！

意見表可以傳真（2687-0281）或直接郵寄以下地址：
香港沙田火炭坳背灣街26號富騰工業中心1011室
基道出版社編輯部收